全国会计专业资格考试考前冲刺试卷

经济法基础

考前六套卷

高顿财经研究院◎编著　李　芳◎编

● 把握命题趋势　● 精准预测考点　● 六套模拟冲刺

東方出版中心

图书在版编目（CIP）数据

经济法基础·考前六套卷/高顿财经研究院编著；李芳编. —上海：东方出版中心，2019.3（2020.1 重印）
ISBN 978-7-5473-1429-6

Ⅰ. ①经… Ⅱ. ①高… ②李… Ⅲ. ①经济法—中国—资格考试—习题集 Ⅳ. ①D922.29-44

中国版本图书馆 CIP 数据核字（2019）第 028059 号

策　　划 李 旭 刘 鑫 程 静
责任编辑 曹雪敏
封面设计 胡开福

经济法基础·考前六套卷

出版发行： 东方出版中心
地　　址： 上海市仙霞路 345 号
电　　话：（021）62417400
邮政编码： 200336
经　　销： 全国新华书店
印　　刷： 上海颢辉印刷厂
开　　本： 787×1092 毫米 1/16
字　　数： 165 千字
印　　张： 9.5
版　　次： 2019 年 3 月第 1 版 2020 年 1 月第 2 次印刷
ISBN 978-7-5473-1429-6
定　　价： 25.00 元

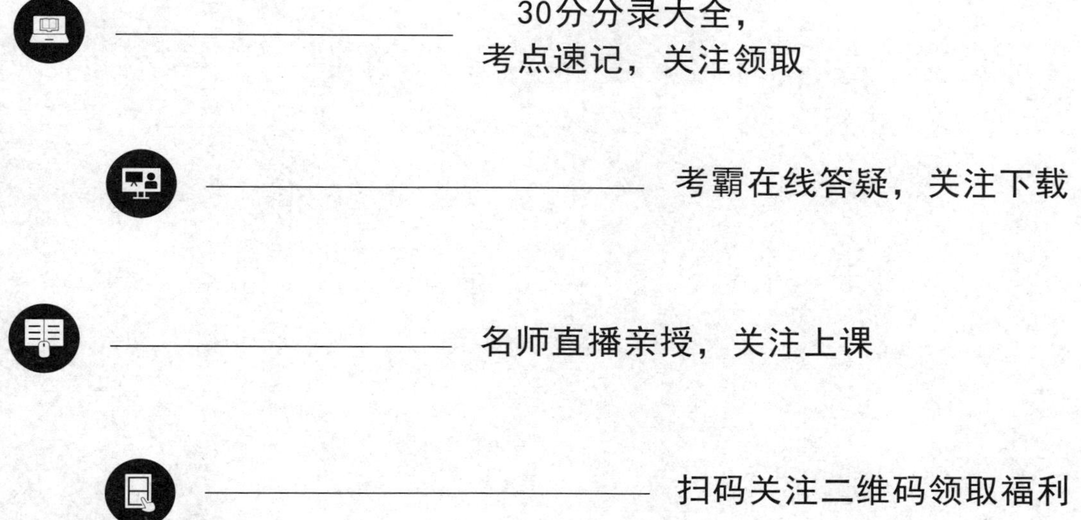

扫码

领取你的专属备考大礼包

编委会成员名单

（排名不分先后）

主编

李　芳

副主编

李金萍　邓　韵　陈　慧　陈华娟　陈道发

周维浩　林沈丹　闫　燕　魏　辉

参编人员

李孝祥　刘孚梅　庹麒麟　黄倍乔　金怀菊

陈凌继霄　谌清蓉　黄兰兰　韩佳敏　张代鑫

王成云　余　婷　杨　瑞

目 录

考前六套卷（一）

初级会计资格考试

《经济法基础》考前六套卷（一）

一、单项选择题（本类题共24小题，每小题1.5分，共36分。每小题备选答案中，只有一个符合题意的正确答案。多选、错选、不选均不得分）

1. 甲公司与乙公司签订买卖合同，约定甲公司将设备卖给乙公司，设备价款10万元。引起该买卖法律关系发生的法律事实是（　　）。

A. 买卖的设备

B. 甲公司和乙公司

C. 10万元设备款

D. 签订买卖合同的行为

2. 根据仲裁法律制度的规定，下列纠纷中，当事人可以适用《仲裁法》提起仲裁的是（　　）。

A. 王某和赵某的财产继承纠纷

B. 甲公司与张三之间的劳动纠纷

C. 公务员甲与其所任职的税务局之间的职务升迁纠纷

D. 甲税务局与乙商场之间的货物买卖纠纷

3. 下列各项中，属于会计人员不得再从事会计工作的情形的是（　　）。

A. 王某，因提供虚假财务会计报告，被依法追究刑事责任

B. 李某，伪造、变造会计凭证、会计账簿，但未构成犯罪

C. 张某，具有违反国家统一的会计制度的一般违法行为，情节严重

D. 胡某，因交通肇事罪被追究刑事责任

4. 甲单位李某在乙商场为单位购买一台打印机，实付金额 2 000 元。李某在单位报销时，发现发票金额误填为 200 元。则下列做法中，正确的是(　　)。

A. 由乙商场重新开具

B. 由乙商场更正并加盖乙商场印章

C. 由甲单位更正并加盖甲单位印章

D. 经甲单位领导批准后，由李某更正并加盖经办人员印章

5. 某武警单位临时到外地执行抢险救灾的任务，其在外地设立的指挥部可以开立的账户是(　　)。

A. 专用存款账户　　B. 基本存款账户

C. 一般存款账户　　D. 临时存款账户

6. 甲公司持有一张由乙银行承兑的商业汇票，到期委托其开户银行丙银行向乙银行收取票款。甲公司行使的票据权利是(　　)。

A. 付款请求权　　B. 利益返还请求权

C. 票据追索权　　D. 票据返还请求权

7. 根据支付结算法律制度的规定，下列关于预付卡的表述中，正确的是(　　)。

A. 预付卡具有透支功能

B. 单张记名预付卡的资金限额不得超过 1 000 元

C. 购卡人可以使用信用卡为预付卡充值

D. 发卡机构必须在商业银行开立备付金专用存款账户存放预付资金

8. 根据支付结算法律制度的规定，关于国内信用证的下列表述中，正确的是(　　)。

A. 既可用于转账，也可用于支取现金

B. 开证申请人可以是单位，也可以是个人

C. 付款期限最长不超过 2 年

D. 国内信用证为不可撤销的跟单信用证

9. 根据消费税法律制度的规定，下列各项中，应征收消费税的是(　　)。

A. 商店销售高档化妆品

B. 商店销售汽车轮胎

C. 商店零售卷烟

D. 手表厂销售本厂生产的高档手表

10. 2019年9月，某白酒厂将新酿制的粮食白酒1吨发给员工作为节日福利，该粮食白酒无同类产品市场销售价格。已知该批粮食白酒生产成本为10 000元，成本利润率为10%，白酒消费税比例税率为20%；定额税率为0.5元/斤。则该批粮食白酒应纳消费税是（　　）。

A. 10 000×（1+10%）×20%=2 200（元）

B. 1×2 000×0.5=1 000（元）

C. 10 000×（1+10%）×20%+1×2 000×0.5=3 200（元）

D. [10 000×（1+10%）+1×2 000×0.5]÷（1-20%）×20%+2 000×0.5=4 000（元）

11. 根据企业所得税法律制度的规定，下列各项中，属于按负担、支付所得的企业或者机构、场所所在地确定所得来源地的是（　　）。

A. 提供劳务所得

B. 不动产转让所得

C. 租金所得

D. 股息、红利等权益性投资所得

12. 某传统商业企业2013年发生亏损30万元，2014年盈利14万元，2015年亏损1万元，2016年盈利4万元，2017年亏损5万元，2018年盈利2万元，2019年盈利48万元。该企业所得税税率为25%，则该企业2019年应缴纳企业所得税税额的下列计算中，正确的是（　　）。

A. 48×25%=12（万元）

B. （48-2-1-5）×25%=10（万元）

C. （48-1-5）×25%=10.50（万元）

D. （48-5）×25%=10.75（万元）

13. 根据企业所得税法律制度的规定，企业的下列收入中，属于企业所得税应税收入的是（　　）。

A. 接受捐赠的收入

B. 依法收取并纳入财政管理的政府性基金

C. 在中国境内设立机构、场所的非居民企业从居民企业取得与该机构、场所有实际联系的股息、红利等权益性投资收益

D. 符合条件的居民企业之间的股息、红利等权益性投资收益

14. 根据个人所得税法律制度的规定，下列各项中，属于工资薪金所得的是（　　）。

A. 个人举办演唱会的所得

B. 个人为某外贸单位临时担任翻译取得的所得

C. 个人从其任职公司取得的劳动分红

D. 高校教师课外兼职取得的收入

15. 根据个人所得税法律制度的规定，下列各项中，应当征收个人所得税的是(　　)。

A. 甲在商场购物，因一次性购买金额较大，商场给予折扣，少收 2 000 元款项

B. 乙参加电信公司的预存话费送手机活动，获赠一部 3 000 元的手机

C. 丙因信用卡透支消费金额较多，以积分兑换一台电视机

D. 丁取得单张有奖发票奖金 1 000 元

16. 某查账征收的个人独资企业 2019 年销售收入为 4 000 万元，实际支出的业务招待费为 50 万元，根据个人所得税法律制度的规定，在计算应纳税所得额时允许扣除的业务招待费是(　　)万元。

A. 15　　B. 20

C. 30　　D. 50

17. 根据城镇土地使用税法律制度的规定，下列关于城镇土地使用税纳税人的表述中，错误的是(　　)。

A. 土地使用权未确定或权属纠纷未解决的，不纳税

B. 土地使用权共有的，共有各方均为纳税人，由共有各方分别纳税

C. 拥有土地使用权的纳税人不在土地所在地的，由代管人或实际使用人纳税

D. 城镇土地使用税由拥有土地使用权的单位或个人缴纳

18. 甲在张三的介绍下向乙购买一批设备，合同约定丙为证人、丁为担保人。关于该合同印花税纳税人的下列表述中，正确的是(　　)。

A. 甲和张三是纳税人　　B. 甲和乙是纳税人

C. 丙和丁是纳税人　　D. 乙和丁是纳税人

19. 2019 年 5 月甲公司向税务机关实际缴纳增值税 60 000 元、消费税 40 000 元；海关对进口产品代征增值税 30 000 元、消费税 20 000 元。已知城市维护建设税适用税率为 7%，计算甲公司当月应缴纳城市维护建设税税额的下列算式中，正确的是(　　)。

A.（60 000＋40 000＋30 000＋20 000）×7%＝10 500（元）

B.（60 000＋30 000）×7%＝6 300（元）

C.（40 000＋20 000）×7%＝4 200（元）

D.（60 000＋40 000）×7%＝7 000（元）

20. 根据环境保护税法律制度的规定，下列各项中，不征收环境保护税的是(　　)。

A. 光源污染　　B. 固体废物

C. 水污染　　D. 噪声污染

21. 甲公司以 1 个月为纳税期，2019 年 3 月应交增值税 100 万元，2019 年 4 月 25 日才实际纳税。根据税收征收管理法律制度的规定，甲公司应缴纳的滞纳金是(　　) 元。

A. 5 000　　B. 500

C. 5 500　　D. 550

22. 根据税收征收管理法律制度的规定，税务机关作出的下列具体行政行为中，纳税人不服时可以选择申请税务行政复议或者直接提起行政诉讼的是(　　)。

A. 加收滞纳金　　B. 确认纳税主体

C. 税款征收方式　　D. 资格认定行为

23. 王某为甲公司职工，每月工资为 3 000 元，已知 2019 年基本养老保险费单位缴费比例为 16%，根据劳动保险法的有关规定，甲公司每月为王某缴纳的基本养老保险费为（　　）元。

A. 200　　B. 400

C. 480　　D. 800

24. 根据社会保险法律制度的规定，下列社会保险项目中应由用人单位缴纳，不需要职工个人缴纳保险费的是(　　)。

A. 工伤保险　　B. 职工基本养老保险

C. 职工基本医疗保险　　D. 失业保险

二、多项选择题（本类题共 15 小题，每小题 2 分，共 30 分。每小题备选答案中，有两个或两个以上符合题意的正确答案，多选、少选、错选、不选均不得分）

1. 甲经张某介绍到乙公司以 15 000 元的价格购买了一台电脑。下列选项中，属于该买卖合同法律关系主体的有(　　)。

A. 甲　　B. 张某

C. 乙公司　　D. 乙公司请求甲支付 15 000 元

2. 根据行政诉讼法律制度的规定，下列情形中，属于当事人可以提起行政诉讼的情形有(　　)。

A. 张某认为某行政机关违法限制其人身自由

B. 赵某认为其所在行政机关对其作出不适当任免决定

C. 王某认为某行政机关没有依法发给其抚恤金

D. 李某认为某行政法规规定不合理

3. 甲公司的财务会计报告由会计人员李四编制，该财务会计报告由乙会计师事务所的注册会计师王五审计。则下列人员中，应当在财务会计报告上签名并盖章的有(　　)。

A. 甲公司法定代表人

B. 乙会计师事务所的注册会计师王五

C. 财务会计报告的编制人员李四

D. 甲公司的总会计师

4. 根据内部控制制度的有关规定，下列各项中属于不相容职务，需要分离的有(　　)。

A. 授权进行某项经济业务的职务与执行该项业务的职务

B. 执行某项经济业务的职务与审核该项业务的职务

C. 执行某项经济业务的职务与记录该项业务的职务

D. 保管某项财产的职务与记录该项财产的职务

5. 根据票据法律制度的规定，下列各项中，属于票据伪造的有(　　)。

A. 会计人员李某假冒公司董事长签章

B. 会计人员王某更改票据出票日期

C. 持票人张某更改票据收款人名称

D. 会计人员张某以虚构人的名义签章

6. 根据消费税法律制度的规定，下列关于纳税人销售应税消费品的消费税纳税义务发生时间的表述中，正确的有(　　)。

A. 纳税人采取预收货款结算方式的，为发出应税消费品的当天

B. 纳税人采取赊销和分期收款结算方式的，为收到第一笔款项的当天

C. 纳税人采取托收承付和委托银行收款方式的，为发出应税消费品并办妥托收手续的当天

D. 纳税人采取其他结算方式的，为收讫销售款或者取得索取销售款凭据的当天

7. 甲企业 2019 年利润总额为 2 000 万元，工资薪金支出为 1 500 万元，已知在计算企业所得税应纳税所得额时，公益性捐赠支出、职工福利费支出、职工教育经费支出的扣除比例分别为不超过 12%、14%和 8%。根据企业所得税法律制度的规定，下列支出中，允许在计算 2019 年企业所得税应纳税所得额时全额扣除的有(　　)。

A. 公益性捐赠支出 200 万元

B. 职工福利费支出 160 万元

C. 职工教育经费支出 40 万元

D. 2018 年 7 月至 2019 年 6 月期间的厂房租金支出 50 万元

8. 根据个人所得税法律制度的规定，个人通过非营利性的社会团体和国家机关进行的下列公益性捐赠支出中，准予在缴纳个人所得税前的所得额中全额扣除的有(　　)。

A. 向遭受自然灾害地区的捐赠　　B. 向目标脱贫地区的扶贫捐赠

C. 向公益性青少年活动场所的捐赠　　D. 向红十字事业的捐赠

9. 根据个人所得税法律制度的规定，下列各项中，免征个人所得税的有(　　)。

A. 赵某因房屋发生火灾，从保险公司获得保险赔款 30 万元

B. 胡某领取的按照国家统一规定发给的补贴 3 000 元

C. 华某出租机器设备所得的租金 4 000 元

D. 刘某是国有企业职工，因所在企业宣告破产，从企业取得的一次性安置费收入 2 万元

10. 根据房产税法律制度的规定，下列各项中，属于房产税征税范围的有(　　)。

A. 室内游泳池　　B. 独立于房屋之外的围墙

C. 独立于房屋之外的烟囱　　D. 中央空调

11. 根据契税法律制度的规定，下列各项中，需要征收契税的有(　　)。

A. 张某接受其父亲赠与的价值 200 万元的房屋

B. 李某将房屋抵押给银行

C. 王某购置商品房

D. 夏某承租房屋

12. 根据土地增值税法律制度的规定，下列行为中，属于土地增值税征税范围的有(　　)。

A. 抵押房屋　　B. 合作建房后转让

C. 企业之间交换房屋　　D. 代建房屋

13. 根据税收征收管理法律制度的规定，下列各项中，属于税收保全措施的有(　　)。

A. 要求纳税人以抵押的方式为其应当缴纳的税款及滞纳金提供担保

B. 拍卖纳税人的价值相当于应纳税款的财产

C. 书面通知纳税人开户银行冻结纳税人的金额相当于应纳税款的存款

D. 扣押、查封纳税人的价值相当于应纳税款的财产

14. 2012 年初王某初次就业到甲公司工作。2019 年初，王某患重病向公司申请病休。已知王某月工资 3 800 元，当地最低月工资标准为 2 000 元。根据社会保险法律制度的规定，关于王某享受医疗期待遇的下列表述中，正确的有(　　)。

A. 医疗期内，王某的工资最低不得低于其病休前工资待遇的 80%，即最低不得低于 3 800×80%=3 040（元）

B. 王某可享受不超过 6 个月的医疗期

C. 公休、假日和法定节日包括在医疗期内

D. 医疗期内遇合同期满，则双方可以终止劳动合同

15. 根据社会保险法律制度的规定，下列关于社会保险费征缴的表述中，正确的有（　　）。

A. 职工应当缴纳的社会保险费由用人单位代扣代缴

B. 用人单位应当按季度将缴纳社会保险费的明细情况告知职工本人

C. 社会保险基金存入财政专户，通过预算实现收支平衡

D. 县级以上人民政府在社会保险基金出现支付不足时，给予补贴

三、判断题（本类题共 10 小题，每小题 1 分，共 10 分。请判断每小题的表述是否正确，每小题答题正确的得 1 分，答题错误的扣 0.5 分，不答题的不得分也不扣分，本类题最低得分为零分）

1. 甲公司员工张某，上班经常迟到，经公司多次指出仍不改正，后被公司开除。此处的开除属于行政处分。（　　）

2. 某个人独资企业投资人安排自己的妻子担任会计机构负责人，安排自己的女儿担任出纳，该项任命，未违反会计人员回避制度的规定。（　　）

3. 不同的税种之所以能够区分开来，最主要的原因是它们的税率和征收方式不同。（　　）

4. 某啤酒厂为增值税一般纳税人。2019 年 8 月销售啤酒 10 吨，取得不含增值税销售收入 50 000 元。该酒厂 8 月应缴纳消费税的计税依据是啤酒销售收入 50 000 元。（　　）

5. 甲公司外购乙公司生产的原装白酒一批（该批原装白酒含消费税 1 万元），勾兑为新型白酒销售。根据消费税法律制度的规定，甲公司生产销售该批新型白酒应纳消费税 3 万元，外购的原装白酒所含消费税 1 万元不能扣除。（　　）

6. 依照外国法律成立且实际管理机构不在中国境内的企业，不是企业所得税的纳税义务人。（　　）

7. 根据企业所得税法律制度的规定，对企业购买国家重点建设债券的利息收入，不征收企业所得税。（　　）

8. 根据个人所得税法律制度的规定，工资薪金所得、劳务报酬所得、稿酬所得和特许权使用费所得属于综合所得，实行按年综合征税的方法，适用于居民个人和非居民个人。（　　）

9. 某高新技术企业甲公司按照国家规定享受3年内免缴企业所得税的优惠待遇，甲公司在这3年内不需办理企业所得税的纳税申报。 (　　)

10. 职工在工作时间和工作岗位，突发疾病死亡或者在48小时内经抢救无效死亡的，应当认定为工伤。 (　　)

四、不定项选择题（本类题共12小题，每小题2分，共24分。每小题备选答案中，有一个或一个以上符合题意的正确答案。每小题全部选对得满分，少选得相应分值，多选、错选、不选均不得分）

【资料1】

甲公司因向乙公司采购货物一批，签发一张商业汇票给乙公司，用于支付货款，汇票上面记载如下内容：金额20万元，收款人为乙公司，付款人为交通银行某支行，出票日期为2019年10月10日，出票后一个月付款。交通银行某支行按期对该汇票进行了承兑。乙公司将已承兑的商业汇票背书转让给了丙公司，丙公司为支付合同款，背书转让给丁公司，丙在背书时在汇票上记载了“不得转让”字样。丁公司又背书转让给了戊公司，戊公司要求丁公司提供担保，丁公司请求蓝星公司和泰兰公司作其保证人。泰兰公司在票据上记载了“保证”字样并签章，而蓝星公司没有在票据上签“保证”字样，而是另行签订保证合同，并写明一旦银行拒付票款，愿和泰兰公司承担20万元的连带赔偿责任。

要求：根据上述材料，分别回答下列问题。

1. 该票据的主债务人是(　　)。

A. 甲公司

B. 交通银行某支行

C. 乙公司

D. 丁公司

2. 下列关于该汇票的到期日及提示付款期限的说法中正确的是(　　)。

A. 该汇票的到期日为2019年11月10日

B. 该汇票的到期日为2019年11月20日

C. 持票人最迟应在2019年11月10日到交通银行某支行提示付款

D. 持票人最迟应在2019年11月20日到交通银行某支行提示付款

3. 丁公司将记载“不得转让”字样的票据又背书转让给戊公司，下列关于该次背书转让法律效力的说法中正确的是(　　)。

A. 该背书转让有效，丙公司对戊公司承担票据责任

B. 该背书转让有效，丙公司对戊公司不承担票据责任

C. 该背书转让有效，丁公司对戊公司承担票据责任

D. 该背书转让无效，丙公司对戊公司不承担票据责任

4. 下列关于该票据保证人的说法中正确的是(　　)。

A. 蓝星公司承担 20 万元的票据保证责任

B. 泰兰公司承担 20 万元的票据保证责任

C. 蓝星公司和泰兰公司承担 20 万元的票据连带保证责任

D. 蓝星公司和泰兰公司各自承担 10 万元的票据按份保证责任

【资料 2】

甲公司为增值税一般纳税人，主要生产和销售电冰箱。2019 年 8 月甲公司发生下列经济业务：

(1) 8 月 1 日，购进原材料，取得增值税专用发票上注明的税额为 320 000 元；购进办公用品，取得增值税普通发票上注明的税额为 800 元；支付运输费，取得增值税专用发票上注明税额 2 800 元；购进包装物，取得增值税专用发票注明的税额是 18 000元，因保管不善，该批包装物报废 50%。

(2) 8 月 5 日，销售 A 型电冰箱 1 000 台，含增值税销售单价 3 390 元/台；另收取优质费 113 000 元、包装物租金 11 300 元。

(3) 8 月 12 日，采取以旧换新方式销售 A 型电冰箱 50 台，旧电冰箱含增值税作价 300 元/台。

(4) 8 月 31 日，将 A 型电冰箱 10 台用于奖励员工，已知冰箱生产成本为 2 200 元/台。

已知：增值税税率为 13%，取得的增值税专用发票已通过税务机关认证。

要求：根据上述资料，分别回答下列问题。

1. 根据事项（1），甲公司下列增值税进项税额中，准予抵扣的是(　　)。

A. 购进办公用品的进项税额 800 元

B. 购进包装物的进项税额 18 000 元

C. 购进原材料的进项税额 320 000 元

D. 支付运输费的进项税额 2 800 元

2. 根据事项（2），甲公司销售 1 000 台 A 型电冰箱增值税销项税额的下列计算中，正确的是(　　)。

A. ［1 000×3 390＋113 000÷（1＋13％）］×13％＝453 700（元）

B.（1 000×3 390＋113 000＋11 300）×13％＝456 859（元）

C.（1 000×3 390＋113 000＋11 300）÷（1＋13％）×13％＝404 300（元）

D. 1 000×3 390×13％＝440 700（元）

3. 根据事项（3），甲公司当月用以旧换新方式销售 50 台 A 型电冰箱增值税销项税额的下列计算中，正确的是(　　)。

A. 50×3 390×13％＝22 035（元）

B. 50×（3 390－300）÷（1＋13％）×13％＝17 774.34（元）

C. 50×3 390÷（1＋13％）×13％＝19 500（元）

D. 50×（3 390－300）×13％＝20 085（元）

4. 根据事项（4），关于甲公司将 10 台 A 型电冰箱用于奖励员工的税务处理的表述中，正确的是(　　)。

A. 不属于销售，不缴纳增值税

B. 视同销售，应当缴纳增值税

C. 应计算销项税额为 10×3 390÷（1＋13％）×13％＝3 900（元）

D. 应计算销项税额为 10×2 200×（1＋10％）×13％＝3 146（元）

【资料 3】

(1) 2018 年 1 月 15 日，张某参加甲公司面试，2018 年 1 月 20 日接到公司同意录用的通知。2018 年 2 月 1 日，张某到甲公司上班，2 月 28 日双方订立了书面劳动合同，合同约定：合同期限 2 年，试用期 6 个月，试用期不包含在劳动合同期限内；试用期月工资 3 500 元，试用期满月工资 5 000 元；试用期内张某若被证明不符合录用条件，甲公司应提前 3 天通知其解除劳动合同。

(2) 2018 年 10 月 1 日至 3 日，张某国庆节加班三天。加班时因操作不当损坏公司机器设备，造成损失 2 万元。甲公司按照劳动合同约定要求张某赔偿该损失，并按月从其工资中扣除 2 500 元。

(3) 2019 年 3 月 1 日，甲公司为革新工艺，支付 10 万元培训费用派张某去国外接受 2 个月的高级技术培训，双方补充协议约定：张某的服务期为 5 年，违反服务期约定应支付违约金 15 万元。张某培训期满回国后，成为公司的技术骨干，但在离服务期还有 2 年的时候，张某要求解除劳动合同。甲公司以张某服务期未满为由，不同意张某解除劳动合同。

已知：甲公司所在地月最低工资标准为 3 000 元。

要求：根据上述资料，不考虑其他因素，分析回答下列问题。

1. 张某与甲公司之间劳动关系建立的时间是(　　)。

A. 2018 年 1 月 15 日　　B. 2018 年 1 月 20 日

C. 2018 年 2 月 1 日　　D. 2018 年 6 月 1 日

2. 张某与甲公司在劳动合同中对试用期所作的下列约定中，违反法律规定的是(　　)。

A. 试用期 6 个月

B. 试用期内张某若被证明不符合录用条件，甲公司应提前 3 天通知其解除劳动合同

C. 试用期月工资 3 500 元

D. 试用期不包含在劳动合同期限内

3. 下列关于张某国庆节加班工资及损失赔偿的说法中正确的是(　　)。

A. 甲公司应当按劳动合同中规定的日工资标准的 300％向张某支付工资

B. 如果甲公司能够为张某安排补休，则无须向张某支付加班工资

C. 张某给甲公司造成的经济损失，甲公司可以从张某本人的工资中每月扣除 2 500元

D. 张某给甲公司造成的经济损失，甲公司可以从张某本人的工资中每月扣除 1 000元

4. 张某与甲公司之间在补充协议中的约定及服务期相关问题的处理的做法中，符合法律规定的是(　　)。

A. 补充协议中约定张某违反服务期应支付违约金 15 万元

B. 张某服务期未满，即使支付违约金，也不得解除劳动合同

C. 张某支付 10 万元违约金后，可以解除劳动合同

D. 张某支付 4 万元违约金后，可以解除劳动合同

参考答案及解析（一）

一、单项选择题

1.【答案】 D

【解析】 该买卖法律关系之所以发生，是因为甲公司与乙公司签订了买卖合同，是签订买卖合同的行为引起了法律关系的产生。（1）选项 AC，属于买卖法律关系的客体；（2）选项 B，属于买卖法律关系的主体；（3）选项 D，买卖合同的签订是甲公司与乙公司之间产生买卖法律关系的直接原因。故选项 D 是正确答案。

【知识点】 法律事实。

2.【答案】 D

【解析】 平等主体间的合同纠纷和其他财产权益纠纷，可以仲裁。（1）选项 A，属于平等主体之间的纠纷，这类纠纷虽然涉及财产内容，但更多的具有人身性，与人身有关的纠纷不适用《仲裁法》；（2）选项 B，属于劳动纠纷，适用《劳动争议调解仲裁法》，不适用《仲裁法》；（3）选项 C，公务员甲与其所任职的税务局之间的职务升迁纠纷，不属于平等主体之间的财产纠纷，应当由行政机关处理，不适用《仲裁法》；（4）选项 D，甲税务局虽然是行政机关，但它与乙商场之间的货物买卖纠纷属于平等主体之间的民事纠纷，可以适用《仲裁法》提起仲裁。

【知识点】 仲裁的适用范围。

3.【答案】 A

【解析】（1）选项 A，其违法行为和会计职务相关，且情节严重，被追究刑事责任，属于会计人员不得再从事会计工作的情形；（2）选项 BC，违法行为和会计职务相关，但未构成犯罪，未被追究刑事责任，不属于会计人员不得再从事会计工作的情形，而是属于 5 年内不得从事会计工作的情形；（3）选项 D，虽构成犯罪被追究刑事责任，但其行为和会计职务无关，不属于会计人员不得再从事会计工作的情形。

【知识点】 会计工作的禁入规定。

4.【答案】 A

【解析】 原始凭证金额错误的，只能重开；非金额错误的，可以重开也可以更正。

故正确答案是选项 A。

【知识点】 原始凭证错误的处理。

5.【答案】 D

【解析】 该武警单位在外地设立指挥部属于“设立临时机构”，可以开立临时存款账户。

【知识点】 银行结算账户。

6.【答案】 A

【解析】 持票人甲公司向汇票的承兑人乙银行出示票据请求付款，甲所行使的权利属于付款请求权，是第一顺序的权利。

【知识点】 票据权利。

7.【答案】 D

【解析】 (1) 选项 A，预付卡不具有透支功能；(2) 选项 B，单张记名预付卡的资金限额不得超过 5 000 元；(3) 选项 C，购卡人不得使用信用卡为预付卡充值。

【知识点】 预付卡。

8.【答案】 D

【解析】 (1) 选项 A，国内信用证只用于转账结算，不得支取现金；(2) 选项 B，国内信用证只适用于国内企事业单位之间的货物或服务贸易结算，故开证申请人只能是单位；(3) 选项 C，国内信用证付款期限最长不超过 1 年。

【知识点】 国内信用证。

9.【答案】 D

【解析】 (1) 选项 A，高档化妆品在生产、委托加工或者进口环节缴纳消费税，零售环节不征收消费税；(2) 选项 B，汽车轮胎不属于消费税征税范围；(3) 选项 C，卷烟在生产销售环节和批发环节征收消费税，零售环节不征收消费税；(4) 选项 D，纳税人生产的应税消费品，于纳税人销售时纳税。

【知识点】 消费税征税范围。

10.【答案】 D

【解析】 (1) 酒厂将自制白酒发给员工作为福利，应视同销售消费品征收消费税。因该酒系新产品，故该酒厂无销售价格，又无同类产品的市场销售价格，故必须先组成计税价格。

(2) 因为白酒的消费税实行复合计征，故其组成计税价格

＝［成本×（1＋成本利润率）＋自产自用数量×定额税率］÷（1－消费税税率）

＝［10 000×（1＋10％）＋2 000×0.5］÷（1－20％）。

（3）该批白酒应该缴纳的消费税

＝组成计税价格×消费税税率＋自产自用数量×定额税率

＝［10 000×（1＋10％）＋2 000×0.5］÷（1－20％）×20％＋2 000×0.5

＝4 000（元）。

故本题正确答案是选项 D。

【知识点】应纳消费税计算。

11.【答案】C

【解析】（1）选项 A，提供劳务所得，按照劳务发生地确定所得来源地；（2）选项 B，转让不动产所得，按照不动产所在地确定所得来源地；（3）选项 C，利息所得、租金所得、特许权使用费所得，按照负担、支付所得的企业或者机构、场所所在地确定所得来源地，或者按照负担、支付所得的个人的住所地确定所得来源地；（4）选项 D，股息、红利等权益性投资所得，按照分配所得的企业所在地确定所得来源地。

【知识点】企业所得税所得来源地。

12.【答案】C

【解析】2013 年的亏损 30 万元，用 2014、2016、2018 年的盈利 14 万元、4 万元、2 万元弥补后，还有 10 万元亏损，不能弥补，因为最多只能弥补 5 年，截至 2018 年止。2019 年的 48 万元盈利，弥补 2015、2017 年的 1 万元、5 万元亏损后，还余 42 万元，乘以税率，就是 2019 年应纳企业所得税额。故正确答案是选项 C。

【知识点】企业所得税应纳税所得额计算——亏损弥补。

13.【答案】A

【解析】（1）选项 A，属于应税收入；（2）选项 B，属于不征税收入；（3）选项 CD，属于免税收入。

【知识点】企业所得税应纳税所得——不征税收入、免税收入。

14.【答案】C

【解析】选项 ABD，属于劳务报酬所得。

【知识点】个人所得税应纳税项目。

15.【答案】 D

【解析】（1）选项ABC，企业在销售商品（产品）和提供服务过程中向个人赠送礼品，属于下列情形之一的，不征收个人所得税：企业通过价格折扣、折让方式向个人销售商品（产品）和提供服务（A）；企业在向个人销售商品（产品）和提供服务的同时给予赠品，如通信企业对个人购买手机赠话费、入网费，或者购话费赠手机等（B）；企业对累积消费达到一定额度的个人按消费积分反馈礼品（C）。（2）选项D，个人取得单张有奖发票奖金所得不超过800元（含800元）的，暂免征收个人所得税。丁取得的单张发票奖金1 000元，应当征收个人所得税。

【知识点】 个人所得税的税收优惠。

16.【答案】 B

【解析】 个人独资企业发生的与生产经营活动有关的业务招待费支出，按照发生额的60％扣除，但最高不得超过当年销售（营业）收入的5‰。4 000×5‰＝20（万元），50×60％＝30（万元），故业务招待费可以扣除的金额是20万元。

【知识点】 个人所得税扣除项目——业务招待费的扣除。

17.【答案】 A

【解析】 选项A，土地使用权未确定或权属纠纷未解决的，由实际使用人纳税。

【知识点】 城镇土地使用税纳税人。

18.【答案】 B

【解析】 签订合同的各方当事人都是印花税的纳税人，但不包括合同的担保人、证人和鉴定人。

【知识点】 印花税纳税人。

19.【答案】 D

【解析】 海关对进口产品代征的增值税、消费税，不征收城市维护建设税，选项ABC排除。

【知识点】 城市维护建设税的计算。

20.【答案】 A

【解析】《环境保护税法》所称的应税污染物，是指规定的大气污染物、水污染物、固体废物和噪声，不包括光源污染。

【知识点】 环境保护税征税范围。

21.【答案】 A

【解析】（1）纳税人未按照规定期限缴纳税款的，扣缴义务人未按照规定期限解缴税款的，税务机关可责令限期缴纳，并从滞纳税款之日起，按日加收滞纳税款万分之五的滞纳金。加收滞纳金的起止时间，为自税款法定缴纳期限届满次日起至纳税人、扣缴义务人实际缴纳或者解缴税款之日止。（2）增值税的纳税人以1个月为1个纳税期的，自期满之日起15日内申报纳税。（3）3月份的税款应在4月15日之前缴纳，从4月16日开始计算滞纳天数，至4月25日，共计10天；（4）应缴纳的滞纳金为1 000 000 ×0.05%×10=5 000（元）。

【知识点】 税收征收管理——税收滞纳金的计算。

22.【答案】 D

【解析】（1）选项ABC，属于“征税行为”，必须首先申请行政复议；（2）选项D，不属于征税行为，当事人可以申请行政复议，也可以直接向人民法院提起行政诉讼。

【知识点】 税务行政复议范围。

23.【答案】 C

【解析】 单位每月为其缴纳的基本养老保险费为3 000×16%=480（元）。

【知识点】 基本养老保险费的计算。

24.【答案】 A

【解析】 工伤保险费由用人单位缴纳，职工个人不需要缴纳。

【知识点】 社会保险费的缴纳主体。

二、多项选择题

1.【答案】 AC

【解析】 该买卖合同法律关系的主体是甲和乙公司。因为享受权利、承担义务的当事人是甲和乙公司，张某在该买卖合同法律关系中不享受权利、不承担义务，不是该买卖合同法律关系的主体。

【知识点】 法律关系的主体。

2.【答案】 AC

【解析】（1）选项B，属于行政机关对行政机关工作人员的任免决定，不属于行政诉讼的范围；（2）选项D，行政法规是具有普遍约束力文件，不能提起行政诉讼。

【知识点】 行政诉讼的范围。

3.【答案】 AD

【解析】 对外提供的财务会计报告应当由单位负责人和主管会计工作的负责人、会计机构负责人（会计主管人员）签名并盖章；设置总会计师的单位，还须由总会计师签名并盖章。故本题中，选项 AD 是应当在财务会计报告上签字盖章的人员，财务会计报告的具体编制人员不需要在报告上签字盖章，注册会计师只是在审计报告上签字盖章，并不需要在其审计的财务会计报告上签字盖章。

【知识点】 财务会计报告的签章。

4.【答案】 ABCD

【解析】 选项 ABCD 所述都属于不相容职务。

【知识点】 不相容职务。

5.【答案】 AD

【解析】 票据伪造是指无权限人假冒他人或虚构人名义“签章”的行为。票据变造是指无权更改票据内容的人，对票据上“签章以外”的记载事项加以改变的行为。故选项 AD 属于票据伪造；选项 BC，属于票据变造。

【知识点】 票据伪造、变造。

6.【答案】 ACD

【解析】 选项 B，纳税人采取赊销和分期收款结算方式的，为书面合同约定的收款日期的当天。

【知识点】 消费税纳税义务发生时间。

7.【答案】 ABC

【解析】 (1) 选项 A，公益性捐赠支出税前扣除限额＝2 000×12％＝240（万元），实际发生额 200 万元，未超过扣除限额，可以在税前全额扣除；(2) 选项 B，职工福利费税前扣除限额＝1 500×14％＝210（万元），实际发生额 160 万元，实际发生额未超过扣除限额，可以税前全额扣除；(3) 选项 C，职工教育经费税前扣除限额＝1 500×8％＝120（万元），实际发生额 40 万元，未超过扣除限额，可以税前全额扣除；(4) 选项 D，2018 年 7 月至 2019 年 6 月期间的厂房租金支出 50 万元，根据权责发生制原则，应按租金所属年度分别在 2018 年度和 2019 年度扣除，不能全部在 2019 年度扣除。

【知识点】 企业所得税扣除项目。

8.【答案】 BCD

【解析】 选项A，对遭受自然灾害地区的捐赠，最多只能税前扣除30%，而不是全额扣除。

【知识点】 企业所得税扣除项目。

9.【答案】 ABD

【解析】 选项C，属于财产租赁所得，应当征收个人所得税。

【知识点】 个人所得税税收优惠。

10.【答案】 AD

【解析】 (1) 选项AD，不属于独立于房屋以外的建筑物，属于房产税征税范围；(2) 选项BC，独立于房屋之外的建筑物，如围墙、烟囱、水塔、菜窖、室外游泳池等不属于房产税的征税对象。

【知识点】 房产税征税范围。

11.【答案】 AC

【解析】 (1) 选项A，属于房屋赠予行为，应由受赠方张某缴纳契税；(2) 契税由买房、买地一方缴纳，故选项C需要征收契税；(3) 选项B，抵押时房屋权属不发生变动，不缴纳契税，但如果李某无力清偿银行欠款，银行实现其抵押权（即将李某的房屋用于抵债）时，房屋权属发生了变动，承受方（银行）应缴纳契税；(4) 选项D，房屋出租，不属于契税的征税范围。

【知识点】 契税的征税范围。

12.【答案】 BC

【解析】 (1) 选项A，对房地产抵押，抵押期间不征收土地增值税。待抵押期满后，视该房地产是否转移占有而确定是否征收土地增值税。对于以房地产抵债而发生房地产权属转移的，应列入土地增值税征税范围，未发生房地产权属转移的，不征收土地增值税。(2) 选项B，合作建房自住，免征土地增值税，合作建房后转让的，征土地增值税。(3) 选项C，企业之间交换房屋，既发生了房产产权的转移，交换双方又取得了实物形态的收入，属于土地增值税的征税范围；个人之间互换自有居住用房地产的，经当地税务机关核实，可以免征土地增值税。(4) 选项D，代建行为未发生房地产权属转移，不属于土地增值税征税范围。

【知识点】 土地增值税征税范围。

13.【答案】 CD

【解析】（1）选项A，所述情形属于“责令提供纳税担保”；（2）选项B，“拍卖”属于税收强制执行措施。

【知识点】 税收保全措施。

14.【答案】 BC

【解析】（1）选项A，病假工资或疾病救济费可以低于当地最低工资标准支付，但最低不能低于最低工资标准的80%，王某的工资最低不得低于2 000×80%=1 600（元）；（2）选项B，王某的实际工作年限小于10年，在甲公司的工作年限为5年以上，其医疗期为6个月，按12个月内累计病休时间计算；（3）选项C，公休、假日和法定节日包括在医疗期内；（4）选项D，医疗期内遇合同期满，则合同必须续延至医疗期满，职工在此期间仍然享受医疗期内待遇。

【知识点】 医疗期待遇。

15.【答案】 ACD

【解析】 选项B，用人单位应当“按月”将缴纳社会保险费的明细情况告知职工本人。

【知识点】 社会保险费征缴。

三、判断题

1.【答案】 ×

【解析】 此处的开除，属于解除劳动合同行为，与国家机关开除其工作人员的行政处分性质不同。

【知识点】 法律责任——行政处分。

2.【答案】 √

【解析】 国家机关、国有企业、事业单位任用会计人员应当实行回避制度。个人独资企业是否实行回避制度，自行决定。

【知识点】 会计人员回避制度。

3.【答案】 ×

【解析】 区别不同税种最重要的标志是征税对象，不同的税种之所以能够区分，最主要的原因是征税对象不同。

【知识点】 税法要素。

4.【答案】 ×

【解析】 啤酒消费税实行从量计征，其计税依据是啤酒销售数量10吨，和销售收入50 000元无关。

【知识点】 消费税计税依据。

5.【答案】 √

【解析】 外购白酒不属于可以扣除消费税的范围，故1万元消费税不能扣除，甲公司需要缴纳3万元消费税。

【知识点】 外购应税消费品已纳税款的扣除。

6.【答案】 ×

【解析】 企业所得税纳税人分为居民企业和非居民企业。非居民企业在中国境内设立机构、场所的，应当就其所设机构、场所取得的来源于中国境内的所得，以及发生在中国境外但与其所设机构、场所有实际联系的所得，缴纳企业所得税。非居民企业在中国境内未设立机构、场所的，或者虽设立机构、场所但取得的所得与其所设机构、场所没有实际联系的，应当就其来源于中国境内的所得缴纳企业所得税。

【知识点】 企业所得税纳税义务人。

7.【答案】 ×

【解析】 国债利息免征企业所得税，但国家重点建设债券利息收入属于企业所得税应税收入，应当征收企业所得税。

【知识点】 企业所得税征应税所得。

8.【答案】 ×

【解析】 按年综合征税的方法仅适用于居民个人，非居民个人不适用，非居民个人仍然实行分类征收的方法。

【知识点】 个人所得税征税方法。

9.【答案】 ×

【解析】 纳税人享受减税、免税待遇的，在减税、免税期间仍然应当按照规定办理纳税申报。

【知识点】 税收征税管理。

10.【答案】 ×

【解析】 职工在工作时间和工作岗位，突发疾病死亡或者在48小时内经抢救无效死亡的，视同工伤。

【知识点】 工伤的认定。

四、不定项选择题

【资料 1】

1.【答案】 B

【解析】 商业汇票的主债务人是付款人，承兑后主债务人是承兑人，因该汇票由交通银行某支行承兑，故正确答案是选项 B。

【知识点】 票据债务人。

2.【答案】 AD

【解析】（1）选项 AB，出票日期是 2019 年 10 月 10 日，出票后一个月付款，则到期日为 2019 年 11 月 10 日，选项 A 正确，选项 B 错误；（2）选项 CD，商业汇票的提示付款期限是汇票到期日起 10 日内，到期日是 2019 年 11 月 10 日，故持票人应在 2019 年 11 月 10 日至 2019 年 11 月 20 日期间向承兑人提示付款，提示付款的最后期限是 2019 年 11 月 20 日，故选项 C 错误，选项 D 正确。

【知识点】 汇票的到期日及提示付款期限。

3.【答案】 BC

【解析】 背书人在票据上记载“不得转让”字样，其后手再背书转让的，该背书转让是有效的，只是原背书人对后手的被背书人不承担票据责任。

【知识点】 票据背书——任意记载事项。

4.【答案】 B

【解析】（1）票据保证是票据债务人以外的人，为担保特定债务人履行票据债务而在票据上记载有关事项并签章的行为。保证人未在票据或者粘单上记载“保证”字样而是另行签订保证合同或者保证条款的，不属于票据保证，而属于一般的民事保证。（2）泰兰公司所作的保证是票据保证，蓝星公司所作的保证是一般的民事保证，故选项 B 正确，选项 ACD 不正确。

【知识点】 票据保证。

【资料 2】

1.【答案】 CD

【解析】（1）选项 A，因为购进办公用品取得的是增值税普通发票，故不得抵扣进项税额；（2）选项 B，购进包装物保管不善，报废的 50%所对应的进项税额 9 000 元不能抵扣。

【知识点】 增值税进项税额的抵扣。

2.【答案】 C

【解析】（1）销售电冰箱的同时收取的优质费 113 000 元、包装物租金 11 300 元，均属于价外费用（视为含税收入），应作价税分离后并入销售额。（2）选项 A，未计入包装物租金且未对电冰箱价款作价税分离，错误；选项 B，未作价税分离，错误；选项 D，未计入优质费和包装物租金，且未对电冰箱价款作价税分离，错误。

【知识点】 增值税销项税额。

3.【答案】 C

【解析】 纳税人采取以旧换新方式销售货物的，除金银首饰外，应按新货物的同期销售价格确定销售额，不得扣减旧货物的价格。（1）选项 BD，扣除了旧电冰箱价款，排除；（2）选项 A，3 390 元是含税价款，应作价税分离，排除。故正确答案是选项 C。

【知识点】 增值税销售额的确定——以旧换新销售额的确定。

4.【答案】 BC

【解析】（1）选项 AB，甲公司将自产的电冰箱用于奖励员工，属于视同销售行为，应当征收增值税，故选项 A 错误，选项 B 正确；（2）选项 CD，甲公司有同型号电冰箱销售价格，不需要组成计税价格，故选项 D 错误，选项 C 正确。

【知识点】 增值税视同销售的税务处理。

【资料 3】

1.【答案】 C

【解析】 用人单位自“用工之日”起即与劳动者建立劳动关系。

【知识点】 劳动关系的建立时间。

2.【答案】 ABCD

【解析】（1）选项 A，劳动合同期限 1 年以上不满 3 年的，试用期不得超过 2 个月（≤2 个月）。（2）选项 B，劳动者在试用期间被证明不符合录用条件的，用人单位可以随时通知劳动者解除劳动关系；劳动者在试用期内解除劳动合同要提前 3 天通知用人单位。（3）选项 C，劳动者在试用期的工资不得低于本单位相同岗位最低档工资的80%或者劳动合同约定工资的80%，并不得低于用人单位所在地的最低工资标准。在本题中，张某的试用期工资低于试用期满月工资的80%（4 000元）。(4) 选项D，试用期应包含在劳动合同期限内。

【知识点】 劳动合同条款——试用期。

3.【答案】 AD

【解析】 (1) 选项B，法定休假日加班即使安排了补休，也要按劳动合同中规定的日工资标准的300%支付加班费；(2) 选项C，劳动者因本人原因给用人单位造成经济损失的，经济损失的赔偿，可从劳动者本人的工资中扣除，每月扣除的部分不得超过劳动者当月工资的20%。

【知识点】 加班工资及损失赔偿的扣除。

4.【答案】 D

【解析】 (1) 选项A，违约金的数额不得超过（≤）用人单位提供的培训费用，协议约定张某违反服务期支付的违约金最多不得超过10万元；(2) 选项B，张某服务期未满，但支付违约金后，可以解除劳动合同；(3) 选项C，用人单位要求劳动者支付的违约金不得超过服务期尚未履行部分所应分摊的培训费用。

【知识点】 劳动合同——违约金及服务期约定。

考前六套卷（二）

初级会计资格考试

《经济法基础》考前六套卷（二）

一、单项选择题（本类题共 24 小题，每小题 1.5 分，共 36 分。每小题备选答案中，只有一个符合题意的正确答案。多选、错选、不选均不得分）

1. 下列关于法的本质的各项表述中，正确的是（　　）。

A. 法是全体社会成员的共同意志的体现

B. 法是统治阶级每个成员的意志的总和

C. 法是体现为国家意志形式的统治阶级的意志

D. 法所体现的统治阶级意志主要取决于最高统治者的意志

2. 下列自然人中，属于限制民事行为能力人的是（　　）。

A. 刘某，未满 8 周岁

B. 高某，年满 40 周岁，精神病人，不能辨认自己行为

C. 张某，年满 19 周岁，不能完全辨认自己行为

D. 李某，在某工厂打工，年满 16 周岁

3. 根据仲裁法律制度的规定，下列纠纷中，可以适用《仲裁法》规定的仲裁方式解决的是（　　）。

A. 甲乙之间的经济合同纠纷

B. 甲乙之间的农村土地承包合同纠纷

C. 公务员甲与其所任职的税务局之间的职务升迁纠纷

D. 甲与养父母之间的收养纠纷

4. 根据会计法律制度的规定，下列各项中，属于进行会计核算、填制会计凭证、登记会计账簿、编制财务会计报告依据的是（　　）。

A. 实际发生的经济业务事项　　B. 预计发生的经济业务事项

C. 单位编制的预算　　D. 单位签订的经济合同

5. 根据会计法律制度的规定，作为记账凭证编制依据的原始凭证和有关资料，必须具备的条件是(　　)。

A. 经办人签字　　B. 领导认可

C. 金额无误　　D. 经过审核

6. 甲公司出纳王五于 2019 年 2 月 10 日签发了一张转账支票，则根据票据法的规定，下列关于该转账支票出票日期的填写，正确的是（　　）。

A. 贰零壹玖年贰月拾日

B. 贰零壹玖年零贰月壹拾日

C. 贰零壹玖年零贰月零壹拾日

D. 贰零壹玖年贰月壹拾日

7. 根据支付结算法律制度的规定，下列关于基本存款账户的表述中，正确的是(　　)。

A. 基本存款账户只能办理现金支取业务

B. 一个单位根据经营业务需要可以开立两个基本存款账户

C. 单位设立的非独立核算的附属机构可以开立基本存款账户

D. 基本存款账户是存款人的主办账户

8. 根据增值税法律制度的规定，下列各项中，不属于增值税免税项目的是(　　)。

A. 养老机构提供的养老服务

B. 装修公司提供的装饰服务

C. 婚介所提供的婚姻介绍服务

D. 托儿所提供的保育服务

9. 2019 年 6 月，甲烟草批发企业向乙卷烟零售店销售卷烟 200 标准条，取得不含增值税销售额 20 000 元；向丙烟草批发企业销售卷烟 300 标准条，取得不含增值税销售额为 30 000 元。已知卷烟批发环节消费税比例税率为 11%，定额税率为 0.005 元/支，每标准条 200 支卷烟。根据消费税法律制度的规定，甲烟草批发企业上述业务应缴纳消费税税额的下列计算列式中，正确的是(　　)。

A. 20 000×11%＋200×200×0.005＝2 400（元）

B. 20 000×11%＋200×200×0.005＋30 000×11%＋300×200×0.005＝6 000（元）

C. 20 000×11%＋30 000×11%＝5 500（元）

D. 30 000×11%＋300×200×0.005＝3 600（元）

10. 根据企业所得税法律制度的规定，下列不属于企业所得税“劳务收入”的是（　　）。

A. 安装收入　　B. 转让商标权的收入

C. 保险费收入　　D. 运输收入

11. 根据企业所得税法律制度的规定，下列选项中，属于企业不征税收入的是（　　）。

A. 接受捐赠的收入　　B. 财政拨款

C. 符合条件的非营利组织的收入　　D. 国债利息收入

12. 甲公司 2019 年度取得销售货物收入 1 000 万元，发生的与生产经营活动有关的业务招待费支出 6 万元，已知在计算企业所得税应纳税所得额时，业务招待费支出按照发生额的 60％扣除，但最高不得超过当年销售（营业）收入的 5‰。根据企业所得税法律制度的规定，甲公司在计算 2019 年度企业所得税应纳税所得额时，准予扣除的业务招待费支出为（　　）万元。

A. 6　　B. 5　　C. 4.97　　D. 3.6

13. 甲公司 2019 年实现会计利润总额 300 万元，预缴企业所得税税额 60 万元，在“营业外支出”账户中列支了通过公益性社会团体向灾区的捐款 38 万元。已知甲公司适用的企业所得税税率为 25％，公益性捐赠支出不超过年度利润总额 12％的部分，准予在计算当年企业所得税应纳税所得额时扣除。根据企业所得税法律制度的规定，计算甲公司当年应补缴企业所得税税额的下列算式中，正确的是（　　）。

A.（300＋38）×25％－60＝24.5（万元）

B. 300×25％－60＝15（万元）

C.（300＋300×12％）×25％－60＝24（万元）

D.［300＋（38－300×12％）］×25％－60＝15.5（万元）

14. 甲企业 2019 年度的利润总额为 100 万元，当年度发生的符合条件的公益性捐赠支出共 30 万元，其中符合条件的扶贫方面的公益性捐赠支出 16 万元，符合条件的教育方面的捐赠支出 14 万元。则 2019 年度甲企业可以扣除的公益性捐赠支出额为（　　）万元。

A. 30　　B. 16　　C. 14　　D. 28

15. 根据企业所得税法律制度的规定，下列各项目中，可以享受应纳税额抵免优惠政策的是（　　）。

A. 国债利息收入

B. 研究开发费用

C. 企业购置并实际使用国家相关目录规定的环境保护专用设备投资额 10%的部分

D. 创业投资企业采取股权投资方式投资于未上市的中小高新技术企业 2 年以上的投资额 70%的部分

16. 甲公司厂房原值 1 000 万元，已提折旧 400 万元。已知房产原值减除比例为 30%，房产税从价计征税率为 1.2%。根据房产税法律制度的规定，计算甲公司年度应缴纳房产税税额的下列算式中，正确的是（　　）。

A. 400×（1－30%）×1.2%＝3.36（万元）

B. 1 000×1.2%＝12（万元）

C.（1 000－400）×（1－30%）×1.2%＝5.04（万元）

D. 1 000×（1－30%）×1.2%＝8.4（万元）

17. 下列城市用地中，不属于城镇土地使用税免税项目的是（　　）。

A. 公园自用的土地　　B. 市政街道公共用地

C. 国家机关自用的土地　　D. 企业生活区用地

18. 根据契税法律制度的规定，下列各项中，不征收契税的是（　　）。

A. 张某受赠房屋

B. 王某与李某互换房屋并向李某补偿差价款 10 万元

C. 赵某抵押房屋

D. 夏某购置商品房

19. 甲油田 2019 年 10 月生产原油 7 400 吨，当月销售 7 000 吨，每吨不含税价格 2 500 元；非生产性自用 100 吨，另有 300 吨在采油过程中用于加热、修井。已知原油资源税适用税率 10%。根据资源税法律制度的规定，甲油田当月应缴纳的资源税为（　　）万元。

A. 175　　B. 177.5　　C. 182.5　　D. 185

20. 根据关税法律制度的规定，原产地不明的进口货物适用的关税税率是（　　）。

A. 协定税率　　B. 最惠国税率　　C. 特惠税率　　D. 普通税率

21. 根据税收征收管理法律制度的规定，下列关于纳税人享受减税、免税待遇的纳税申报处理方式的表述中，正确的是（　　）。

A. 无需办理纳税申报

B. 应当按规定办理纳税申报

C. 并入下一纳税期办理纳税申报

D. 由税务机关决定是否需要办理纳税申报

22. 甲公司2019年6月应缴纳增值税60 000元，城市维护建设税4 200元。甲公司在规定期限内未进行纳税申报，税务机关责令其缴纳税款并加收滞纳金，甲公司在9月30日办理了申报缴纳手续。已知甲公司增值税和城市维护建设税均以1个月为1个纳税期。根据税收征收管理法律制度的规定，甲公司应缴纳的滞纳金金额的下列计算中，正确的是(　　)。

A. 60 000×0.5‰×15＝450（元）

B. 60 000×0.5‰×30＝900（元）

C. （60 000＋4 200）×0.5‰×15＝481.5（元）

D. （60 000＋4 200）×0.5‰×30＝963（元）

23. 根据劳动合同法律制度的规定，下列关于非全日制用工形式的表述中，正确的是(　　)。

A. 终止用工时，用人单位不向劳动者支付经济补偿

B. 双方当事人可约定试用期

C. 劳动报酬结算支付周期最长不得超过30日

D. 双方当事人应当订立书面劳动合同

24. 某企业职工王某的月工资为8 500元，当地社会平均工资为2 400元，根据社会保险法律制度的有关规定，王某每月应由个人缴纳的基本养老保险费为（　　）元。

A. 192　　B. 576　　C. 680　　D. 1 700

二、多项选择题（本类题共15小题，每小题2分，共30分。每小题备选答案中，有两个或两个以上符合题意的正确答案，多选、少选、错选、不选均不得分）

1. 2018年4月5日，小张向小李借了1万元钱，约定2019年4月5日归还。到期后小张以种种借口推辞，拒不归还。小李拟通过诉讼途径追讨。下列各项中，属于可以导致诉讼时效中断的事由有(　　)。

A. 小张同意还款

B. 小李要求小张还款

C. 小李向人民法院起诉

D. 小李准备向小张追讨借款时，突然重病住院1个月

2. 根据会计法律制度的规定，下列各项中，属于会计档案的有(　　)。

A. 购货发票　　B. 应收账款明细账

C. 利润表　　D. 银行对账单

3. 根据内部控制制度的规定，下列各项中，属于行政事业单位内部控制方法的有(　　)。

A. 预算控制　　B. 单据控制

C. 运营分析控制　　D. 绩效考评控制

4. 根据支付结算法律制度的规定，下列各项中，属于个人网上银行具体业务功能的有(　　)。

A. 账户信息查询　　B. 人民币转账业务

C. 外汇买卖业务　　D. B2B网上支付

5. 根据支付结算法律制度的规定，下列款项中，属于可以办理托收承付结算的有(　　)。

A.商品交易款项　　B.劳务供应款项

C.因商品交易而产生的劳务供应款项　　D.代销、赊销商品的款项

6. 根据消费税法律制度的规定，纳税人自产的应税消费品用于规定项目的，应按照同类产品的最高销售价格计算缴纳消费税。下列各项中，属于该“规定项目”的有(　　)。

A. 抵偿债务

B. 将不同税率的应税消费品组成成套消费品销售

C. 换取生产资料

D. 投资入股

7. 根据消费税法律制度的规定，下列各项中，应征收消费税的有(　　)。

A. 4S店销售小汽车　　B. 商店销售汽车轮胎

C. 金店零售金银首饰　　D. 手表厂生产销售高档手表

8. 根据个人所得税法律制度，下列关于个人所得税应纳税所得额的说法中，正确的有(　　)。

A. 退休人员再任职取得的收入应按“工资薪金所得”应税项目缴纳个人所得税

B. 个人兼职取得的收入应按“劳务报酬所得”应税项目缴纳个人所得税

C. 公司职工取得的用于购买企业国有股权的劳动分红应按劳务报酬所得征税

D. 个人根据国家有关规定缴付的年金个人缴费部分，超过本人缴费工资计税基数的4%的部分，应并入个人当期的工资薪金所得，依法计征个人所得税

9. 根据个人所得税法律制度，下列收入中，应按照“特许权使用费所得”项目征收个人所得税的有(　　)。

A. 转让商标使用权取得的收入　　B. 转让土地使用权取得的收入

C. 转让著作权取得的收入　　D. 转让专利权取得的收入

10. 根据个人所得税法律制度的规定，下列各项中，免征个人所得税的有(　　)。

A. 军人的转业费

B. 个人办理代扣代缴手续取得的扣缴手续费

C. 个人举报犯罪行为所获得的奖金

D. 纳税人因严重自然灾害造成重大损失的

11. 甲公司因经营需要，2018 年 1 月 1 日以自有的价值 500 万元的房产向乙银行抵押贷款 400 万元，约定期限 1 年。2019 年 1 月 10 日，甲公司因不能按时归还借款，乙银行行使抵押权，将房产拍卖抵偿欠款。根据土地增值税法律制度的规定，下列表述中，正确的有(　　)。

A. 2018 年间不缴纳土地增值税

B. 2019 年 1 月 10 日，以房产抵偿欠款时，应当缴纳土地增值税

C. 土地增值税应当由甲公司缴纳

D. 土地增值税应当由乙银行缴纳

12. 根据环境保护税法律制度的规定，下列各项中，征收环境保护税的有(　　)。

A. 光源污染　　B. 噪音污染

C. 水污染　　D. 固体废物污染

13. 根据税收征收管理法律制度的规定，税务机关的下列具体行政行为中，属于行政处罚的有(　　)。

A. 确认适用税率　　B. 确认纳税期限

C. 没收财物和违法所得　　D. 停止出口退税权

14. 根据劳动合同法律制度的规定，下列情形中，职工不能享受当年年休假的有(　　)。

A. 依法享受寒暑假，其休假天数多于年休假天数的

B. 请事假累计 20 天以上，且单位按照规定不扣工资的

C. 累计工作满 1 年不满 10 年，请病假累计 2 个月以上的

D. 累计工作满 20 年以上，请病假累计满 3 个月的

15. 根据社会保险法律制度的规定，下列社会保险中应由用人单位和职工共同缴纳的有(　　)。

A. 基本养老保险　　B. 基本医疗保险

C. 工伤保险　　D. 失业保险

三、判断题（本类题共10小题，每小题1分，共10分。请判断每小题的表述是否正确，每小题答题正确的得1分，答题错误的扣0.5分，不答题的不得分也不扣分，本类题最低得分为零分）

1. 没收违法所得、没收非法财物和没收财产都属于行政处罚。（　　）
2. 实行回避制度的单位，单位领导人的直系亲属不得担任本单位的总账会计和稽核工作。（　　）
3. 清正廉洁、遵纪守法、不弄虚作假，是会计职业道德规范廉洁自律的基本要求。（　　）
4. 国内信用证仅适用于国内企事业单位之间货物贸易。（　　）
5. 税法规定的起征点是对纳税对象中的一部分给予减免，只就减除后剩余的部分计征税款。（　　）
6. 张某取得单张有奖发票奖金800元，应按照偶然所得项目计征个人所得税160元。（　　）
7. 居民个人刘某在境外购买彩票，开奖后取得20万元奖金，已在境外缴纳个人所得税1万元。对该笔收入，刘某不用在境内补税。（　　）
8. 纳税人在中国境内从两处以上取得工资、薪金所得的，应向主管税务机关依法办理个人所得税纳税申报。（　　）
9. 车船税的征税范围仅限于依法应当在车船登记管理部门登记的机动车辆和船舶。（　　）
10. 对国家税务总局作出的具体行政行为不服的，应向国务院申请行政复议。（　　）

四、不定项选择题（本类题共12小题，每小题2分，共24分。每小题备选答案中，有一个或一个以上符合题意的正确答案。每小题全部选对得满分，少选得相应分值，多选、错选、不选均不得分）

【资料1】

甲公司为增值税一般纳税人，主要生产和销售洗衣机。2019年6月有关经济业务如下：

（1）购进一批原材料，取得增值税专用发票上注明的税额为272 000元；支付运输费，取得增值税专用发票上注明税额2 750元。

（2）购进办公用品，取得增值税普通发票上注明的税额为8 500元。

（3）销售A型洗衣机1 000台，含增值税销售单价3 390元/台；另收取优质费

565 000元、包装物租金 180 800 元。

(4) 采取以旧换新方式销售 A 型洗衣机 50 台，旧洗衣机含增值税作价 113 元/台。

(5) 奖励优秀职工 A 型洗衣机 10 台，生产成本 2 260 元/台。

已知：增值税税率为 13%，上期留抵增值税额 59 000 元，取得的增值税专用发票已通过税务机关认证。

要求：根据上述资料，分别回答下列问题。

1. 甲公司下列增值税进项税额中，准予抵扣的是(　　)。

A. 购进办公用品的进项税额 8 500 元　B. 上期留抵的增值税额 59 000 元

C. 购进原材料的进项税额 272 000 元　D. 支付运输费的进项税额 2 750 元

2. 甲公司当月销售 1 000 台 A 型洗衣机增值税销项税额的下列计算中，正确的是(　　)。

A. [1 000×3 390+565 000÷（1+13%）] ×13%=505 700（元）

B.（1 000×3 390+565 000+180 800）×13%=537 654（元）

C.（1 000×3 390+565 000+180 800）÷（1+13%）×13%=475 800（元）

D. 1 000×3 390×13%=440 700（元）

3. 甲公司当月采取以旧换新方式销售 A 型洗衣机增值税销项税额的下列计算中，正确的是(　　)。

A. 50×3 390×13%=22 035（元）

B. 50×（3 390－113）÷（1+13%）×13%=18 850（元）

C. 50×3 390÷（1+13%）×13%=19 500（元）

D. 50×（3 390－113）×13%=21 300.5（元）

4. 甲公司当月向优秀职工发放 A 型洗衣机增值税销项税额的下列计算中，正确的是(　　)。

A. 10×2 260÷（1+13%）×13%=2 600（元）

B. 10×2 260×13%=2 938（元）

C. 10×2 260×（1+10%）×13%=3 231.8（元）

D. 10×3 390÷（1+13%）×13%=3 900（元）

【资料 2】

甲公司为居民企业，主要从事医药制造与销售业务，2019 年全年利润总额 480 万元。甲公司 2019 年当年有关经营情况如下：

（1）药品销售收入 5 000 万元，房屋租金收入 200 万元，许可他人使用本公司一项专利取得收入 1 000 万元，接受捐赠收入 50 万元。取得国家财政拨款 60 万元，国债利息收入 80 万元。

（2）缴纳增值税 325 万元，城市维护建设税和教育费附加 32.5 万元，房产税 56 万元，印花税 3.9 万元，缴纳税收滞纳金 2 万元。

（3）因逾期归还银行借款，支付银行加收的利息 5 万元。

（4）捐赠支出 90 万元，其中通过公益性社会团体向受灾地区捐款 35 万元、直接向丙大学捐款 55 万元；符合条件的广告费支出 2 100 万元。

已知公益性捐赠支出，在年度利润总额 12%以内的部分，准予扣除，医药制造业企业发生的广告费和业务宣传费支出，不超过当年销售（营业）收入 30%的部分，准予扣除。

要求：根据上述资料，不考虑其他因素，分析回答下列问题。

1. 在计算甲公司 2019 年度企业所得税应纳税所得额时，下列税费中，准予扣除的是（　　）。

A. 印花税 3.9 万元

B. 增值税 325 万元

C. 房产税 56 万元

D. 城市维护建设税和教育费附加 32.5 万元

2. 在计算甲公司 2019 年度企业所得税应纳税所得额时，准予扣除的捐赠支出是（　　）万元。

A. 35　　B. 90

C. 57.6　　D. 55

3. 计算甲公司 2019 年度企业所得税应纳税所得额时，准予扣除的广告费支出是（　　）万元。

A. 2 100　　B. 1 815

C. 1 560　　D. 1 860

4. 计算 2019 年甲公司应纳企业所得税额的下列算式中，正确的是（　　）。

A. 480×25% ＝120（万元）

B. [480－（60＋80）＋2＋55] ×25%＝99.25（万元）

C. [480＋2＋55＋（2100－1860）] ×25%＝194.25（万元）

D. [480－（60＋80）＋2＋55＋（2100－1860）] ×25%＝159.25（万元）

【资料3】

甲公司是一家小型国有企业，2019年该公司发生下列事项：

(1) 1月5日，甲公司董事长张某将自己表弟的儿子刘某聘为公司会计机构负责人（刘某参加会计工作已满4年）；同时安排自己的侄儿小张担任公司出纳，并兼记固定资产明细账。

(2) 1月6日，甲公司因与乙公司共同购买丙公司的一批原材料，收到一张应由甲公司与乙公司共同负担费用的原始凭证，甲公司会计人员胡某以该原始凭证及甲公司应该承担的费用进行账务处理，并保存该原始凭证；同时应乙公司的要求将该原始凭证复印件提供给乙公司用于账务处理。

(3) 1月10日，甲公司有一批保管期满的电子会计档案，按规定需要销毁。公司会计管理机构编制了会计档案销毁清册，由档案管理机构的负责人在会计档案销毁清册上签署意见，于当天销毁。

(4) 1月25日，由于受原材料涨价等因素影响，2018年甲公司实际亏损20万元。为完成上级下达的2018年100万元的利润目标，公司董事长张某授意会计人员李某采取伪造会计凭证，虚增营业收入120万元，使得2018年甲公司“实现了”100万元利润目标。

要求：根据上述资料，回答下列问题。

1. 针对事项（1），下列说法中正确的是(　　)。

A. 刘某符合担任会计机构负责人的条件

B. 刘某担任会计机构负责人，违背了会计人员回避制度的规定

C. 安排小张担任出纳违背了会计人员回避制度的规定

D. 小张不能兼记固定资产明细账

2. 根据事项（2），对甲公司收到的这张应该由甲公司和乙公司共同负担费用的原始凭证，下列做法正确的是(　　)。

A. 甲公司开具原始凭证分割单给乙公司，乙公司凭该原始凭证分割单作账务处理

B. 甲公司出具一张证明给乙公司，乙公司凭该证明作账务处理

C. 按乙公司应当负担的金额，甲公司开具一张收据给乙公司，乙公司凭该收据作账务处理

D. 由甲公司提供复印件给乙公司，乙公司凭该复印件作账务处理

3. 根据事项（3），下列关于会计档案销毁的表述中，正确的是（　　）。

A. 甲公司档案部门在编制会计档案销毁清册前，未组织有关人员对拟销毁的会计档案进行鉴定，该做法不符合规定

B. 甲公司编制会计档案销毁清册的做法正确

C. 甲公司单位负责人、档案管理机构负责人、会计管理机构负责人、档案管理机构经办人、会计管理机构经办人应在会计档案销毁清册上签署意见

D. 销毁时应当由甲公司单位档案机构和会计机构共同派人监销

4. 针对事项（4），下列说法中正确的是（　　）。

A. 可对甲公司处 5 000 元以上 10 万元以下罚款

B. 可对张某处 5 000 元以上 5 万元以下罚款

C. 李某是受张某指使进行销毁的，不应承担法律责任

D. 可以对李某处 2 000 元以上 2 万元以下罚款

参考答案及解析（二）

一、单项选择题

1.【答案】 C

【解析】（1）选项A，法是统治阶级意志的体现，而不是全社会成员的共同意志的体现，故该选项错误；（2）选项B，法是统治阶级意志的体现，体现统治阶级的根本意志，但不是统治阶级每个成员意志的简单相加，故该选项错误；（3）选项D，法所体现的统治阶级的意志取决于统治阶级所处的物质生活条件，而不是最高统治者的个人意志，故该选项错误。

【知识点】 法的本质。

2.【答案】 C

【解析】（1）选项AB，未满8周岁的未成年人和不能辨认自己行为的成年人为无民事行为能力人；（2）选项C，不能完全辨认自己行为的成年人为限制民事行为能力人；（3）选项D，16周岁以上的未成年人，以自己的劳动收入为主要生活来源的，视为完全民事行为能力人。

【知识点】 民事行为能力。

3.【答案】 A

【解析】 平等主体之间的合同纠纷和其他财产权益纠纷，可以仲裁。（1）选项A，甲乙之间的合同纠纷，适用《仲裁法》；（2）选项B，甲乙之间的农村土地承包合同纠纷，适用《农村土地承包经营纠纷调解仲裁法》，不适用《仲裁法》；（3）选项C，公务员甲与其所任职的税务局之间的职务升迁纠纷，不属于平等主体之间的财产纠纷，应当由行政机关处理，不适用《仲裁法》；（4）选项D，甲与养父母之间的收养纠纷，属于与人身有关的纠纷，不适用仲裁法。故选项A为正确答案。

【知识点】 仲裁的适用范围。

4.【答案】 A

【解析】 各单位必须根据实际发生的经济业务事项进行会计核算，填制会计凭证，登记会计账簿，编制财务会计报告。选项BCD，都不属于实际发生的经济业务事项，不能作为会计核算的依据。

【知识点】 会计核算的依据。

5.【答案】 D

【解析】（1）选项D，记账凭证应当根据经过审核的原始凭证及有关资料编制。故正确答案是选项D；（2）选项ABC，此三项虽然也正确，但不是最符合题意的选项。

【知识点】记账凭证的编制依据。

6.【答案】C

【解析】月为壹、贰和壹拾的，日为壹至玖和壹拾、贰拾和叁拾的，应当在其前加"零"。"2月"应写为"零贰月"，"10日"应写成"零壹拾日"，故本题正确答案是选项C。

【知识点】票据出票日期的记载。

7.【答案】D

【解析】（1）选项A，存款人日常经营活动的资金收付及其工资、奖金和现金的支取，应通过基本存款账户办理，基本存款账户既可存现金，也可取现金；（2）选项B，一个单位只能开立一个基本存款账户；（3）选项C，单位设立的独立核算的附属机构可以开立基本存款账户，非独立核算的附属机构不可以开立基本存款账户。

【知识点】银行结算账户——基本存款账户。

8.【答案】B

【解析】（1）选项ACD，都属于增值税免税项目；（2）选项B，装修公司提供的装饰服务，按建筑服务计缴增值税。

【知识点】增值税免税项目。

9.【答案】A

【解析】（1）烟草批发企业向烟草批发企业销售卷烟不征收消费税，故甲烟草批发企业向乙卷烟零售店销售卷烟征收消费税，向丙烟草批发企业销售的卷烟不征收消费税；（2）卷烟实行复合计征，应纳消费税＝20 000×11%＋200×200×0.005＝2 400（元）。故正确答案是选项A。

【知识点】消费税计算——复合计征。

10.【答案】B

【解析】选项B，属于转让财产的收入。

【知识点】企业所得税应税所得。

11.【答案】B

【解析】（1）选项A，属于应税收入；（2）选项CD，属于免税收入。

【知识点】企业所得税收入总额——不征税收入。

12.【答案】D

【解析】1 000×5‰＝5（万元），6×60%＝3.6（万元），故税前准予扣除的业务招待费为 3.6 万元，正确答案是选项 D。

【知识点】 企业所得税应纳税所得额——可以扣除的项目。

13.【答案】 D

【解析】 公益性捐赠税前扣除限额＝300×12%＝36（万元），实际发生额 38 万元，超过了扣除限额 2 万元。公益性捐赠，当年税前可以扣除 36 万元，纳税调增额＝38－300×12%＝2（万元），应纳税所得额是 300＋2＝302（万元），2019 年应纳企业所得税额＝302×25%＝75.5（万元），已经预交 60 万元，需要补缴 15.5 万元（75.5－60）。

【知识点】 企业所得税计算——间接法计算。

14.【答案】 D

【解析】 (1) 用于扶贫方面的捐赠支出 16 万元可以据实扣除。(2) 教育方面的捐赠支出的扣除限额是 100×12%＝12（万元），实际发生额 14 万元，当年只能扣除 12 万元。(3) 2019 年可以扣除的公益性捐赠支出合计为 16＋12＝28（万元）。

【知识点】 企业所得税计算——公益性捐赠的扣除。

15.【答案】 C

【解析】 (1) 选项 A，属于免税收入；(2) 选项 B，研究开发费用，可以加计扣除；(3) 选项 D，是可以“抵扣应纳税所得额”，不是直接抵免应纳税额。

【知识点】 企业所得税税收优惠——应纳税额抵免。

16.【答案】 D

【解析】 (1) 从价计征的房产税应纳税额＝应税房产原值×（1－扣除比例）×1.2%；(2) 房产原值，是指在账簿固定资产科目中记载的房屋原价，不需扣减折旧额。

【知识点】 房产税应纳税额的计算。

17.【答案】 D

【解析】 (1) 下列用地免征城镇土地使用税：国家机关、人民团体、军队自用的土地（C）；由国家财政部门拨付事业经费的单位自用的土地；宗教寺庙、公园、名胜古迹自用的土地（A）；市政街道、广场、绿化地带等公共用地（B）；直接用于农、林、牧、渔业的生产用地。(2) 选项 D，不属于城镇土地使用税免税范围，应照章缴纳城镇土地使用税。

【知识点】 城镇土地使用税的税收优惠——免税项目。

18.【答案】 C

【解析】 (1) 选项 A，属于契税征税范围，应由张某缴纳契税；(2) 选项 B，房屋交换，交换价格不相等的，由多交付货币的一方缴纳契税，此题所述情形应该由王某缴纳；（3）选项C，土地、房屋权属的出租、抵押，不属于契税的征税范围；（4）选项D，属于契税征税范围，由夏某缴纳契税。

【知识点】 契税的征税范围。

19.【答案】 B

【解析】 纳税人开采或者生产资源税应税产品，自用于连续生产应税产品的，不缴纳资源税；自用于其他方面的100吨，视同销售，应缴纳资源税。开采原油过程中用于加热、修井的300吨原油免税。应纳资源税＝（7 000＋100）×2 500×10％＝1 775 000（元）＝177.5（万元）。

【知识点】 资源税的计算。

20.【答案】 D

【解析】 选项D，普通税率适用于原产于未与我国共同适用最惠国条款的世界贸易组织成员，未与我国订有相互给予最惠国待遇、关税优惠条款贸易协定和特殊关税优惠条款贸易协定的国家或者地区的进口货物，以及“原产地不明的进口货物”。

【知识点】 关税税率。

21.【答案】 B

【解析】 纳税人享受减税、免税待遇的，在减税、免税期间也应当按照规定办理纳税申报。

【知识点】 税收征收管理——纳税申报。

22.【答案】 C

【解析】 （1）增值税的纳税人以1个月为1个纳税期的，自期满之日起15日内申报纳税；城市维护建设税的纳税期限和增值税纳税期限一致。故8月份应纳增值税、城市维护建设税的最后缴纳期限是9月15日，但9月30日才申报纳税，滞纳时间是15天。(2)滞纳金＝应纳税款×滞纳天数×0.5‰＝（60 000＋4 200）×15×0.5‰＝481.5（元）。

【知识点】 税收征收管理——滞纳金的计算。

23.【答案】 A

【解析】 （1）选项B，非全日制用工不得约定试用期；（2）选项C，非全日制用工劳动报酬结算支付周期最长不得超过15日；（3）选项D，非全日制用工可以订立口头协议。

【知识点】 劳动合同——非全日制用工。

24.【答案】 B

【解析】 王某的月工资为8 500元，高于当地职工平均月工资的300％，则应按当地职工月平均工资的300％作为缴费基数，即应缴纳的基本养老保险＝2 400×3×8％

=576（元）。

【知识点】 基本养老保险费的征缴。

二、多项选择题

1.【答案】 ABC

【解析】 （1）诉讼时效中断指的是诉讼时效因提起诉讼、当事人一方提出要求或者同意履行义务而中断的法律现象。诉讼时效中断发生的主要情形有以下几类：权利人向义务人提出履行请求；义务人同意履行义务；权利人提起诉讼或者申请仲裁；与提起诉讼或者申请仲裁具有同等效力的其他情形。选项 ABC 属于可以导致诉讼时效中断的情形。（2）诉讼时效中止指的是在诉讼时效期间的最后六个月内，因不可抗力或者其他障碍不能行使请求权的情况。中止的事由主要有：不可抗力；无民事行为能力人或者限制民事行为能力人没有法定代理人，或者法定代理人死亡、丧失民事行为能力、丧失代理权；继承开始后未确定继承人或者遗产管理人；权利人被义务人或者其他人控制；其他导致权利人不能行使请求权的障碍。选项 D 属于可以导致诉讼时效中止的情形。

【知识点】 诉讼时效的中止、中断。

2.【答案】 ABCD

【解析】 会计档案包括凭证类、账簿类、财务会计报告类和其他类。（1）选项 A，属于凭证类；（2）选项 B，属于账簿类；（3）选项 C，属于财务会计报告类；（4）选项 D，属于其他类。

【知识点】 会计档案的分类。

3.【答案】 AB

【解析】 （1）行政事业单位内部控制方法有：不相容岗位相互分离、内部授权审批控制、归口管理、预算控制（A）、财产保护控制、会计控制、单据控制（B）、信息内部公开。（2）选项 CD，属于企业内部控制措施。

【知识点】 内部控制制度。

4.【答案】 ABC

【解析】 选项 D，属于企业网上银行的功能，不属于个人网上银行的功能。

【知识点】 网上银行的功能。

5.【答案】 AC

【解析】 办理托收承付结算的款项，必须是商品交易以及因商品交易而产生的劳务供应款项。代销、寄销、赊销商品的款项，不得办理托收承付结算。故本题正确答案是选项 AC。

【知识点】 托收承付的适用范围。

6.【答案】 ACD

【解析】 (1) 选项 ACD，纳税人自产的应税消费品用于换取生产资料、投资入股、抵偿债务项目，应按照同类产品的最高销售价格计算缴纳消费税；(2) 选项 B，属于从高适用税率的情形。

【知识点】 特殊情况下应税消费品销售额的确定。

7.【答案】 CD

【解析】 (1) 选项 A，小汽车在生产环节缴纳消费税，除超豪华小汽车外，零售环节不征收消费税；(2) 选项 B，汽车轮胎不属于消费税征税范围；(3) 选项 C，金银首饰在零售环节征收消费税；(4) 选项 D，纳税人生产的应税消费品，于纳税人销售时纳税。

【知识点】 消费税征税范围。

8.【答案】 ABD

【解析】 选项 C，公司职工取得的用于购买企业国有股权的劳动分红，按工资薪金所得征税。

【知识点】 个人所得税应税项目特殊规定。

9.【答案】 ACD

【解析】 (1) 选项 ACD，应按“特许权使用费所得”征收个人所得税；(2) 选项 B，应按“财产转让所得”征收个人所得税。

【知识点】 个人所得税应税项目——特许权使用费所得。

10.【答案】 ABC

【解析】 选项 D，属于“可以”减征个人所得税的情形。

【知识点】 个人所得税税收优惠——免税项目。

11.【答案】 ABC

【解析】 (1) 选项 AB，抵押期间不征收土地增值税，抵押期满以房地产抵债，发生房地产权属转移的，应征收土地增值税，故选项 AB 正确；(2) 选项 CD，土地增值税由转让方缴纳，故选项 C 正确，选项 D 错误。

【知识点】 土地增值税征税范围。

12.【答案】 BCD

【解析】 选项 A，《环境保护税法》所称的应税污染物，是指规定的大气污染物、水污染物、固体废物和噪声，不包括光源污染。

【知识点】 环境保护税征税范围。

13.【答案】 CD

【解析】（1）选项 AB，属于税务机关作出的“征税行为”；（2）选项 CD，属于税务机关作出的“行政处罚”。

【知识点】税收征收管理——税务行政处罚。

14.【答案】 ABC

【解析】选项 D，累计工作满 20 年以上的职工，请病假累计 4 个月以上的，不享受当年年休假。请病假累计满 3 个月的，仍然可以享受当年年休假。

【知识点】带薪年休假的享受条件。

15.【答案】 ABD

【解析】选项 C，工伤保险费由用人单位缴纳，职工个人不缴纳。

【知识点】社会保险费的缴纳。

三、判断题

1.【答案】 ×

【解析】没收违法所得、没收非法财物属于行政责任中的行政处罚，没收财产属于刑事责任。

【知识点】法律责任。

2.【答案】 ×

【解析】实行回避制度的单位，单位负责人的直系亲属不得担任本单位的会计机构负责人、会计主管人员。但担任总账会计和稽核工作，并不违背回避制度的规定，故题干表述错误。

【知识点】会计人员的回避。

3.【答案】 ×

【解析】不弄虚作假是会计职业道德规范诚实守信的内容。

【知识点】会计职业道德规范。

4.【答案】 ×

【解析】信用证适用于国内企事业单位之间“货物和服务”贸易。

【知识点】国内信用证的适用范围。

5.【答案】 ×

【解析】题干所述对象为“免征额”。起征点是征税对象的数额没有达到规定起征点的不征税，达到或超过起征点的，就其“全部数额”征税。

【知识点】起征点和免征额的概念。

6.【答案】 ×

【解析】 未超过 800 元，不计征个人所得税。

【知识点】 个人所得税税收优惠。

7.【答案】 ×

【解析】 根据个人所得税法规定，刘某取得的 20 万元奖金，应在境内纳税 4 万元（20×20%），在境外已纳 1 万元可以抵扣，故还需补税 3 万元。

【知识点】 个人所得税境外已纳税额的抵免。

8.【答案】 ×

【解析】“非居民个人”在中国境内从两处以上取得工资、薪金所得的，需要办理纳税申报。

【知识点】 个人所得税纳税申报的范围。

9.【答案】 ×

【解析】 依法不需要在车船登记管理部门登记的在单位内部场所行驶或者作业的机动车辆和船舶，也属于车船税征税范围。

【知识点】 车船税的征税范围。

10.【答案】 ×

【解析】 对国家税务总局作出的具体行政行为不服的，向国家税务总局申请行政复议。

【知识点】 税务行政复议的管辖。

四、不定项选择题

【资料 1】

1.【答案】 BCD

【解析】 选项 A，购进办公用品因为取得的是增值税普通发票，故不得抵扣进项税额。

【知识点】 增值税进项税额的抵扣。

2.【答案】 C

【解析】（1）销售洗衣机的同时收取的优质费 565 000 元、包装物租金 180 800 元，均属于价外费用（视为含税收入），应作价税分离后并入销售额，故正确答案是选项 C；（2）选项 A，未计入包装物租金且未对洗衣机价款作价税分离，错误；（3）选项 B，未作价税分离，错误；（4）选项 D，未计入优质费和包装物租金，且未对洗衣机价款作价税分离，错误。

【知识点】 增值税销项税额的计算。

3.【答案】 C

【解析】 纳税人采取以旧换新方式销售货物的，除金银首饰外，应按新货物的同期销售价格确定销售额，不得扣减旧货物的价格。故甲公司当月以旧换新方式销售 A

型洗衣机 50 台，应对总价款作价税分离后计算销项税额，销项税额＝50×3 390÷（1＋13％）×13％＝19 500（元），故正确答案是选项 C。

【知识点】 增值税销售额的确定——以旧换新。

4.【答案】 D

【解析】 甲公司将自产的洗衣机用于职工福利，应当视同销售洗衣机征收增值税，因为甲公司有该型号洗衣机的销售价格，故不需要组成计税价格，销售额和洗衣机的生产成本无关，所以选项 ABC 错误，正确答案是选项 D。

【知识点】 增值税销售额的确定——组成计税价格。

【资料 2】

1.【答案】 ACD

【解析】 选项 B，企业所得税和允许抵扣的增值税不得抵扣。

【知识点】 企业所得税应纳税所得额确定——税费的扣除。

2.【答案】 A

【解析】（1）直接向丙大学捐款 55 万元，不属于公益性捐赠，不得在税前扣除；（2）公益性捐赠支出，在年度利润总额 12％以内的部分准予扣除，扣除限额＝480×12％＝57.6（万元），实际发生公益性捐赠支出 35 万元，没有超过限额，准予全部扣除。

【知识点】 企业所得税应纳税所得额确定——捐赠支出的扣除。

3.【答案】 D

【解析】 医药制造企业的广告费和业务宣传费支出扣除限额是不超过当年销售（营业）收入的 30％。甲公司销售（营业）收入＝5 000＋200＋1 000＝6 200（万元），准予扣除广告费限额＝6 200×30％＝1 860（万元），实际发生额＝2 100（万元），故允许扣除的广告费为 1 860 万元。

【知识点】 企业所得税应纳税所得额确定——广告费用的扣除。

4.【答案】 D

【解析】（1）全年会计利润 480 万元；（2）国家财政拨款 60 万元属于不征税收入，国债利息收入 80 万元属于免税收入，应当调减会计利润 60＋80＝140（万元）；（3）税收滞纳金 2 万元不得扣除，应当调增会计利润 2 万元；（4）直接捐赠 55 万元不得扣除，应当调增会计利润 55 万元；（5）支付的 2 100 万元广告费只能扣除 1 860 万元，应当调增会计利润＝2 100－1 860＝240（万元）。

故全年应纳所得税额＝480－（60＋80）＋2＋55＋（2 100－1 860）＝637（万元）。

应纳企业所得税＝637×25％＝159.25（万元）。

【知识点】 应纳企业所得税的计算——间接法。

【资料 3】

1.【答案】 A

【解析】 (1) 选项 A，会计法规定：“担任会计机构负责人（会计主管人员）的，应当具备会计师以上专业技术职务资格或者从事会计工作 3 年以上经历。”刘某参加会计工作满 4 年，符合条件，故选项 A 表述正确；(2) 选项 B，张某和刘某，属于四代以内旁系血亲，所以刘某担任会计机构负责人，未违背会计人员回避制度，故选项 B 表述错误；(3) 选项 C，张某和小张虽然属于三代以内旁系血亲，但单位负责人和出纳之间不需要回避，故选项 C 表述错误；(4) 选项 D，出纳不能兼管会计档案以及和单位资金直接相关的账目的登记，但可以兼记固定资产明细账，故选项 D 表述错误。

【知识点】 会计岗位设置。

2.【答案】 A

【解析】 根据规定，一张原始凭证所列支出需要由两个以上的单位共同负担时，应当由保存该原始凭证的单位开具“原始凭证分割单”给其他应负担的单位，其他单位凭该原始凭证分割单作账务处理。故正确答案是选项 A。

【知识点】 会计凭证——原始凭证分割单的运用。

3.【答案】 AC

【解析】 (1) 选项 A，会计档案销毁前，应当对拟销毁的会计档案进行鉴定，故选项 A 表述正确；(2) 会计档案销毁清册应当由档案管理机构编制，甲公司由会计管理机构编制，此做法不符合规定，故选项 B 表述错误；(3) 选项 C，销毁会计档案前，应当由单位负责人、档案管理机构负责人、会计管理机构负责人、档案管理机构经办人、会计管理机构经办人在会计档案销毁清册上签署意见，故选项 C 表述正确；(4) 选项 D，电子会计档案销毁时，应当由单位档案管理机构、会计管理机构和信息系统管理机构共同派人监销，故选项 D 表述错误。

【知识点】 会计档案的销毁。

4.【答案】 AB

【解析】 (1) 选项 AB，张某作为董事长，授意会计人员李某伪造会计凭证，根据规定，可以处以5 000元以上 5 万元以下罚款；同时，对甲公司，可以处以 5 000 元以上 10 万元以下罚款。故选项 AB 表述正确。(2) 选项 CD，李某虽然是受人指使，但是其亲自参与伪造会计凭证，应当承担法律责任，可以对其处以 3 000 元以上 5 000 元以下罚款。故选项 CD 表述错误。

【知识点】 伪造、变造会计凭证、会计账簿，编制虚假的财务会计报告行为的法律责任。

考前六套卷（三）

（二）养食六前法

初级会计资格考试

《经济法基础》考前六套卷（三）

一、单项选择题（本类题共24小题，每小题1.5分，共36分。每小题备选答案中，只有一个符合题意的正确答案。多选、错选、不选均不得分）

1. 下列各项中，会直接引起法律关系发生、变更、消灭的是（　　）。

A. 法律事实　　B. 客体

C. 主体　　D. 法律行为

2. 根据行政诉讼法律制度的规定，因下列事项引起的纠纷中，不属于人民法院行政诉讼受理范围的是（　　）。

A. 对交通警察部门罚款的决定不服的

B. 某行政机关公务人员对调换工作岗位的决定不服的

C. 对工商行政管理机关吊销营业执照的决定不服的

D. 对税务机关罚款决定不服的

3. 根据会计法律制度的规定，下列各项中，不属于会计核算的内容的是（　　）。

A. 资本、基金的增减　　B. 编制本单位预算

C. 财务成果的计算和处理　　D. 财物的收发、增减和使用

4. 根据会计法律制度的规定，下列人员中，符合担任单位会计机构负责人（会计主管人员）的法定条件的是（　　）。

A. 甲，从事会计工作2年　　B. 乙，助理会计师

C. 丙，会计师　　D. 丁，注册会计师

5. 下列各项中，属于中级会计专业职称的是（　　）。

A. 助理会计师　　B. 会计师

C. 高级会计师　　D. 总会计师

6. 根据票据法律制度的规定，下列票据欺诈行为中，属于伪造票据的是(　　)。

A. 假冒出票人在票据上签章　　B. 涂改票据号码

C. 对票据金额进行挖补篡改　　D. 修改票据密押

7. 某单位于2019年6月19日签发一张支票，则根据票据法律制度的规定，下列有关该张支票出票日期的写法中符合要求的是(　　)。

A. 贰零壹玖年六月拾玖日　　B. 贰零壹玖年六月壹拾玖日

C. 贰零壹玖年陆月拾玖日　　D. 贰零壹玖年陆月壹拾玖日

8. 根据税收法律制度的规定，下列各项中，属于税法构成要素的是(　　)。

A. 应纳税额　　B. 税收征收管理机关

C. 纳税期限　　D. 扣缴义务人

9. 根据增值税法律制度的规定，下列各项中，应按照“销售劳务”计征增值税的是(　　)。

A. 员工为本单位提供的劳务　　B. 有偿提供安装空调服务

C. 有偿修理机器设备服务　　D. 有偿提供出租车服务

10. 根据企业所得税法律制度的规定，下列各项中，不属于企业所得税纳税人的是(　　)。

A. 事业单位　　B. 合伙企业

C. 社会团体　　D. 民办非企业单位

11. 2019年5月，甲公司向非关联企业乙公司借款200万元用于生产经营，期限为半年，双方约定年利率为10%，已知甲、乙公司都是非金融企业，金融企业同期同类贷款年利率为7.8%。根据企业所得税法律制度的规定，甲公司在计算当年企业所得税应纳税所得额时，准予扣除的利息费用为(　　)。

A. 200×10%＝20（万元）

B. 200×7.8%＝15.6（万元）

C. 200×10%÷2＝10（万元）

D. 200×7.8%÷2＝7.8（万元）

12. 根据企业所得税法律制度的规定，企业应当自纳税年度终了之日起一定期限内，向税务机关报送年度企业所得税纳税申报表，该期限是(　　)个月。

A. 4　　B. 3

C. 5　　D. 6

13. 甲公司2019年应纳税所得额为1 200万元，减免税额为15万元，抵免税额为35万元。已知甲公司适用的所得税税率为25%，则下列关于甲公司2019年度企业所得税应纳税额的计算中，正确的是(　　)。

A. 1 200×25%－35＝265（万元）　　B. 1 200×25%－15－35＝250（万元）

C. 1 200×25%－15＝285（万元）　　D. 1 200×25%＝300（万元）

14. 甲公司厂房原值800万元，已提折旧300万元。已知房产原值减除比例为30%，房产税从价计征税率为1.2%，计算甲公司2018年度应缴纳房产税税额的下列算式中，正确的是(　　)。

A. 300×（1－30%）×1.2%＝2.52（万元）

B. 800×1.2%＝9.6（万元）

C. （800－300）×（1－30%）×1.2%＝4.2（万元）

D. 800×（1－30%）×1.2%＝6.72（万元）

15. 根据车船税法律制度的规定，下列车船中，应征收车船税的是(　　)。

A. 军队专用车船　　B. 国家综合性消防救援专用船舶

C. 捕捞渔船　　D. 拖车

16. 甲公司于2019年11月向乙公司购买一处闲置厂房，合同注明的土地使用权价款2 500万元（不含增值税），厂房及地上附着物价款500万元（不含增值税）。已知当地规定的契税税率为3%，则根据契税法律制度的规定，甲公司应缴纳的契税税额是（　　）。

A. 2 500×3%＝75（万元）

B. 500×3%＝15（万元）

C. （2 500＋500）×（1＋16%）×3%＝104.4（万元）

D. （2 500＋500）×3%＝90（万元）

17. 甲铜矿2019年10月销售当月生产的铜矿石原矿，取得销售收入900万元，销售精矿取得收入1 600万元。已知：铜矿的计税依据为精矿的销售额，该矿山铜矿精矿换算比为1.3，适用的资源税税率为6%。则根据资源税法律制度的规定，甲铜矿10月应缴纳的资源税税额的下列计算中，正确的是(　　)。

A. 900×6%＋1 600×1.3×6%＝178.8（万元）

B. 900÷1.3×6%＋1 600×6%＝137.538 5（万元）

C. （900＋1 600）×6%＝150（万元）

D. 900×1.3×6%＋1 600×6%＝166.2（万元）

18. 2019年12月，甲企业进口一辆小汽车自用，支付买价17万元，货物运抵我国关境内输入地点起卸前的运费和保险费共计3万元，货物运抵我国关境内输入地点起卸后的运费和保险费共计2万元，另向境外采购代理人支付买方佣金1万元。已知关税税率为20%，消费税税率为25%，城建税税率为7%，教育费附加征收率为3%。假设无其他纳税事项，则下列关于甲企业应纳相关税费的计算列式中，不正确的是(　　)。

A. 应纳进口关税（17+3）×20%=4（万元）

B. 甲企业应纳进口环节增值税（17+3+4）÷（1−25%）×16%=5.12（万元）

C. 甲企业应纳进口环节消费税（17+3+4）÷（1−25%）×25%=8（万元）

D. 应纳城建税和教育费附加（5.12+8）×（7%+3%）=1.312（万元）

19. 下列执照和证件中，不属于“五证合一，一照一码”登记制度改革范围的是(　　)。

A. 土地使用权　　B. 组织机构代码证

C. 税务登记证　　D. 工商营业执照

20. 根据税收法律制度的规定，下列关于发票的使用、登记和保管的有关表述，不正确的是(　　)。

A. 开具发票的单位和个人应当建立发票使用登记制度，设置发票登记簿，并定期向主管税务机关报告发票使用情况

B. 开具发票的单位和个人应当在办理变更或者注销税务登记的同时，办理发票和发票领购簿的变更、缴销手续

C. 不得拆本使用发票

D. 已经开具的发票存根联和发票登记簿，应当保存3年

21. 甲公司拟聘用乙从事机器操作工作，甲公司与乙协商后，在劳动合同中书面约定，“员工工作过程中因自己操作失误导致受伤的，咎由自取，公司概不承担任何责任”。该条款违反的劳动合同订立原则的是(　　)。

A. 诚实信用原则　　B. 平等自愿原则

C. 协商一致原则　　D. 合法原则

22. 根据劳动合同法律制度的规定，下列各项中，可以享受2019年年休假的是（　　）。

A. 某小学教师胡某2019年享受寒暑假共计60天

B. 甲公司职工王某2019年请事假累计25天，甲公司扣除王某25天工资

C. 刘某累计工作8年，2019年请病假累计3个月

D. 张某累计工作15年，2019年请病假累计3个半月

23. 在甲公司任职的王某不能胜任工作，现甲公司拟解除与王某的劳动合同。根据劳动合同法律制度的规定，下列各项中，属于合法解除的是(　　)。

A. 未经培训或调整工作岗位，解除劳动合同

B. 通知当天解除劳动合同，并未额外支付 1 个月工资

C. 提前 30 日以书面形式通知王某解除劳动合同

D. 经培训王某胜任工作，甲公司仍解除劳动合同

24. 张某工作年限为 12 年，在 A 公司工作已满 6 年。根据社会保险法律制度的规定，张某依法可享受患病医疗期是(　　) 个月。

A. 24　　B. 9

C. 12　　D. 18

二、多项选择题（本类题共 15 小题，每小题 2 分，共 30 分。每小题备选答案中，有两个或两个以上符合题意的正确答案，多选、少选、错选、不选均不得分）

1. 下列关于仲裁法律制度的各项表述中，正确的有(　　)。

A. 仲裁庭作出的仲裁裁决为终局裁决

B. 当事人不服仲裁裁决的可以向法院起诉

C. 当事人协议不开庭的，仲裁可以不开庭进行

D. 仲裁的进行以双方当事人自愿达成的书面仲裁协议为条件

2. 根据民事诉讼法律制度的规定，下列案件中，适用《民事诉讼法》的有(　　)。

A. 公民离婚纠纷案件

B. 公安局与商场之间的货物买卖合同纠纷案件

C. 公安局与公民个人的行政处罚争议案件

D. 劳动者与用人单位因劳动合同纠纷提起诉讼的案件

3. 某单位会计人员张三因公出差，实际支付住宿费 100 元，却要求商家开具 1 200 元的发票到单位报销，后被查出。则拟对张三处以的下列处罚中，合法的有(　　)。

A. 处 3 000 元以上 5 万元以下的罚款

B. 处 5 000 元以上 1 万元以下的罚款

C. 5 年内不得从事会计工作

D. 通报

4. 根据支付结算法律制度的规定，下列关于背书转让的说法中正确的有(　　)。

A. 背书是指在票据背面或者粘单上记载有关事项并签章的行为

B. 非转让背书包括委托收款背书和质押背书

C. 委托收款背书的被背书人可以再以背书转让票据权利

D. 质押背书时被背书人依法实现其质权时，可以行使票据权利

5. 根据支付结算法律制度的规定，下列各项中，属于电子商业汇票的必须记载事项的有(　　)。

A. 表明“电子商业承兑汇票”或“电子银行承兑汇票”的字样

B. 无条件支付的委托

C. 出票人名称

D. 票据到期日

6. 根据增值税法律制度的规定，纳税人销售货物、劳务、服务、无形资产或者不动产适用不同税率或者征收率的，应当分别核算适用不同税率或者征收率的销售额，未分别核算销售额的，则按照规定的方法适用税率或者征收率。下列各项中，符合税法规定的有(　　)。

A. 兼有不同税率的销售货物、劳务、服务、无形资产或者不动产，从高适用税率

B. 兼有不同税率的销售货物、劳务、服务、无形资产或者不动产，平均适用税率

C. 兼有不同征收率的销售货物、劳务、服务、无形资产或者不动产，从高适用征收率

D. 兼有不同税率和征收率的销售货物、劳务、服务、无形资产或者不动产，从高适用征收率

7. 甲食品公司为增值税一般纳税人，2019 年 6 月购进生产用原材料取得增值税专用发票注明税额 29 000 元；购进办公设备取得增值税专用发票注明税额 8 000 元；支付产品包装设计费取得增值税专用发票注明税额 1 600 元；购进用于节日福利的商品取得增值税专用发票注明税额 2 500 元。则甲食品公司 2019 年 6 月发生的下列进项税额中，准予从销项税额中抵扣的有(　　)。

A. 购进办公设备的进项税额 8 000 元

B. 职工出差购买的飞机票所含增值税税额 1 600 元

C. 购进生产用原材料的进项税额 29 000 元

D. 购进用于节日福利的商品进项税额 2 500 元

8. 根据企业所得税法律制度的规定，企业缴纳的下列税金中，准予在计算企业所得税应纳税所得额时扣除的有(　　)。

A. 增值税　　B. 土地增值税

C. 企业所得税　　D. 城镇土地使用税和城市维护建设税

9. 根据土地增值税法律制度的规定，下列情形中，应当缴纳土地增值税的有(　　)。

A. 纳税人进行其他房地产开发的同时建造普通标准住宅，不能准确核算增值额的

B. 企事业单位转让旧房作为经济适用房房源且增值额未超过扣除项目金额20%的

C. 纳税人建造高级公寓出售，增值额未超过扣除项目金额20%的

D. 因国家建设需要依法征用、收回的房地产

10. 根据城镇土地使用税法律制度的规定，下列关于城镇土地使用税计税依据的说法，正确的有(　　)。

A. 凡由县级人民政府确定的单位组织测定土地面积的，以测定的土地面积为准

B. 尚未组织测定，但纳税人持有政府部门核发的土地使用证书的，以证书确定的土地面积为准

C. 尚未核发土地使用证书的，应当由纳税人据实申报土地面积，并据以纳税，待核发土地使用证书后再作调整

D. 土地面积以平方千米为计量标准

11. 根据税收征收管理法律制度的规定，税务机关在税款征收中可以根据不同情况采取相应的税款征收措施，下列各项中，属于税款征收措施的有(　　)。

A. 责令提供纳税担保

B. 责令缴纳

C. 阻止出境

D. 查账征收

12. 张某于2019年1月1日起开始在甲公司工作，2019年6月1日，甲公司的劳动人事部门书面通知张某订立书面劳动合同，遭到张某拒绝。则甲公司的下列做法中，符合法律规定的有(　　)。

A. 书面通知张某终止劳动关系

B. 向张某支付经济补偿

C. 向张某每月支付2倍的工资，计算期间为2月1日—5月31日

D. 向张某每月支付2倍的工资，计算期间为1月1日—5月31日

13. 李某与甲公司建立了劳动关系，2019 年 5 月 1 日，甲公司安排李某加班一天，加班时因操作不当损坏公司机器设备，造成损失 1 000 元。根据劳动合同法律制度的规定，下列说法正确的有（　）。

A. 甲公司应当按劳动合同中规定的日工资标准的 300％向李某支付加班工资

B. 如果甲公司能够为李某安排补休，则无须向李某支付加班工资

C. 李某给单位造成的经济损失，单位可以从李某本人的工资中扣除

D. 若甲公司本月应付李某的工资为 3 000 元，甲公司可从工资中扣发 1 000 元

14. 某公司招聘会计人员一名，要求必须具备初级会计资格。王某凭借伪造的初级会计资格证书，骗得公司的信任，与其签订了为期三年的劳动合同。一个月以后，公司发现王某伪造证书的事实，要求解除劳动合同。根据劳动合同法律制度的规定，下列说法中正确的有(　　)。

A. 王某与公司签订的劳动合同无效

B. 王某应退还公司所发工资

C. 如王某的欺诈行为给公司造成损害，公司可要求王某承担赔偿责任

D. 公司属于擅自解除劳动合同，应承担违约责任

15. 根据社会保险法律制度的规定，下列各项表述中，正确的有(　　)。

A. 职工按照国家规定的本人工资的比例缴纳基本养老保险费，可以全额计入个人账户

B. 灵活就业人员按照国家规定缴纳基本养老保险费全部计入个人账户

C. 职工按照国家规定的本人工资的比例缴纳基本养老保险费，计入个人账户的免征利息税

D. 职工按照国家规定的本人工资的比例缴纳基本养老保险费，不得提前支取

三、判断题（本类题共 10 小题，每小题 1 分，共 10 分。请判断每小题的表述是否正确，每小题答题正确的得 1 分，答题错误的扣 0.5 分，不答题的不得分也不扣分，本类题最低得分为零分）

1. 根据仲裁法律制度的规定，为有利于经济纠纷的解决，发生纠纷，当事人申请仲裁时，应当向纠纷发生地仲裁机构申请仲裁。（　　）

2. 某单位出纳人员库存现金日记账采用活页式账簿，银行存款日记账采用订本式账簿。该做法正确。（　　）

3. 凡是会计法律制度不允许的行为都是会计职业道德要谴责的行为。（　　）

4. 借记卡持卡人在自动柜员机（ATM 机）取款，每卡每日累计提款不得超过 1 万元人民币。（ ）

5. 税收法律关系由主体、客体和内容三个方面构成。（ ）

6. 根据企业所得税法律制度的规定，企业应当自年度终了后 5 个月内向税务机关报送年度企业所得税纳税申报表，并汇算清缴，结清应缴应退税款。（ ）

7. 张三以其自有房产与甲公司联合经营，约定参与甲公司的利润分配，并共担风险。根据房产税法律制度的规定，对张三投资于甲公司的房产，应按该房产余值作为计税依据计缴房产税。（ ）

8. 在部分公民放假的节日期间，对参加社会活动或单位组织庆祝活动和照常工作的职工，单位应支付工资报酬，并支付加班工资。（ ）

9. 职工非因工负伤享受医疗期待遇的，公休、假日和法定节日不包括在病休期间。（ ）

10. 对医疗期满尚未痊愈者，或者医疗期满后，不能从事原工作，也不能从事用人单位另行安排的工作，用人单位可以解除劳动合同，但应按规定给予经济补偿金。（ ）

四、不定项选择题（本类题共 12 小题，每小题 2 分，共 24 分。每小题备选答案中，有一个或一个以上符合题意的正确答案。每小题全部选对得满分，少选得相应分值，多选、错选、不选均不得分）

【资料 1】

X 市建筑施工企业甲公司成立于 2019 年 1 月 8 日，法定代表人为张三。2019 年甲公司发生下列事项：

（1）1 月 10 日，为办理日常结算需要，张三委托财务人员李四作为其代理人在乙银行开立基本存款账户。

（2）2 月 20 日，甲公司在 Y 市承包一项建筑工程，向 Y 市的丙银行申请设立基本存款账户，丙银行拒绝办理。

（3）6 月 5 日，向丁银行申请贷款，丁银行审查符合贷款条件后向其发放贷款 80 万元。

（4）12 月 28 日，因经营不善停业，注销了营业执照，并拟撤销银行结算账户。

根据上述资料，分析回答下列问题。

1. 根据事项（1），甲公司开立基本存款账户可以预留的签章是(　　)。

A. 甲公司的公章和张三的签名

B. 甲公司的公章和李四的签名

C. 甲公司的财务专用章和张三的印章

D. 甲公司的业务章加张三的印章

2. 根据事项（1）（2），下列关于甲公司在乙银行开立基本存款账户的表述中，正确的是(　　)。

A. 甲公司申请开立基本存款账户时应出具企业法人营业执照正本

B. 甲公司申请开立基本账户时应出具张三的授权书、李四的身份证件

C. 基本账户是甲公司的主办账户，甲公司可以通过该账户发放工资

D. 丙银行拒绝甲公司办理基本存款账户开户手续不合乎规定

3. 根据事项（3），下列表述中正确的是(　　)。

A. 甲公司从丁银行贷款时应当开立一般存款账户

B. 甲公司为从丁银行贷款申请开立存款账户应当提供基本存款账户编号

C. 甲公司在丁银行开立的账户自开立之日起可以办理付款业务

D. 甲公司可以从在丁银行开立的账户支取现金

4. 根据事项（4），下列关于甲公司撤销银行结算账户的表述中，正确的是(　　)。

A. 甲公司应在注销营业执照之日起 3 个工作日内向银行提出撤销银行结算账户的申请

B. 甲公司应将各种重要空白结算凭证、票据和开户许可证交回开户银行，并应与银行核对账户存款余额

C. 甲公司应先撤销在丁银行开立的一般存款账户，再撤销基本存款账户

D. 甲公司应清偿在丁银行的债务，并将在丁银行的账户资金转入基本存款账户，再撤销基本存款账户

【资料 2】

甲企业为增值税一般纳税人，主要制造销售气缸容量 250 毫升以上高级摩托车，2019 年 7 月其有关业务如下：

(1) 为某体育赛事特制 2 辆定制摩托车，取得含增值税价款 226 000 元，另收取手续费 33 900 元。

(2) 将 20 辆摩托车用于抵偿债务，已知摩托车生产成本 1.0 万元/辆，甲企业同类摩

托车不含增值税最高销售价格1.6万元/辆、平均销售价格1.5万元/辆、最低销售价格1.4万元/辆。

（3）生产中型摩托车200辆，其中180辆用于销售、10辆用于广告、2辆用于企业管理部门、8辆用于赞助。

（4）采取预收款方式销售一批摩托车给某摩托车经销商，7月5日签订合同，7月10日收到预收款，7月15日发出摩托车，7月20日开具发票。

已知：摩托车增值税税率为13%，消费税税率为10%。

要求：根据上述资料，分别回答下列问题。

1. 甲企业销售定制摩托车应缴纳的消费税税额的下列计算中，正确的是（　　）。

A. 226 000×10%＝22 600（元）

B.（226 000＋33 900）÷（1＋13%）×10%＝23 000（元）

C. 226 000÷（1＋13%）×10%＝20 000（元）

D.（226 000＋33 900）×10%＝25 990（元）

2. 甲企业以摩托车用于抵偿债务应缴纳消费税税额的下列计算中，正确的是（　　）。

A. 20×1.6×10%＝3.2（万元）　B. 20×1.5×10%＝3（万元）

C. 20×1.0×10%＝2（万元）　D. 20×1.4×10%＝2.8（万元）

3. 甲企业生产的200辆中型摩托车中，应缴纳消费税的是（　　）。

A. 180辆用于销售　B. 10辆用于广告

C. 2辆用于企业管理部门　D. 8辆用于赞助

4. 甲企业采用预收货款方式销售摩托车，消费税的纳税义务发生时间是（　　）。

A. 7月5日　B. 7月10日

C. 7月15日　D. 7月20日

【资料3】

中国公民张三任职于国内甲公司，其2019年全年有关境内所得如下：

（1）全年基本工资10万元，另获得甲公司颁发的突出贡献奖1.5万元。

（2）为乙公司设计生产工艺流程图，取得设计费1万元。

（3）出版著作一部，取得稿酬5万元。

（4）购买福利彩票支出100元，一次性中奖0.5万元。

（5）转让2006年12月购入的家庭唯一住房一套，取得转让所得100万元。

（6）取得保险赔款 4.8 万元。

（7）再次购房领取原提存的住房公积金 9.6 万元。

（8）缴纳社会保险费 1.2 万元。

已知：偶然所得税率为 20%，综合所得税率表如下（部分）所示。

级数	全年应纳税所得额	税率（%）	速算扣除数
1	不超过 3.6 万元的	3	0
2	超过 3.6 万元至 14.4 万元	10	2 520
3	超过 14.4 万元至 30 万元	20	16 920

要求：根据上述资料，分别回答下列问题。

1. 张三的下列所得中，免予缴纳个人所得税的是（　　）。

A. 转让住房所得 100 万元　　B. 突出贡献奖 1.5 万元

C. 保险赔款 4.8 万元　　D. 领取原提存的住房公积金 9.6 万元

2. 张三设计生产工艺流程图取得的设计费 1 万元，在计缴个人所得税时适用的税目是（　　）。

A. 偶然所得　　B. 工资、薪金所得

C. 特许权使用费所得　　D. 劳务报酬所得

3. 关于张三一次性中奖 0.5 万元缴纳个人所得税的下列表述中，正确的是（　　）。

A. 应缴纳个人所得税 5 000×20%＝1 000（元）

B. 免征个人所得税

C. 应缴纳个人所得税（5 000－100）×20%＝980（元）

D. 应缴纳个人所得税 5 000×（1－20%）×20%＝800（元）

4. 关于张三 2019 年应缴纳个人所得税的下列计算中，正确的是（　　）。

A.（100 000＋10 000＋50 000－60 000）×10%－2 520＝7 480（元）

B.［100 000＋10 000×（1－20%）＋50 000×（1－20%）－60 000］×10%－2 520＝6 280（元）

C.［100 000＋15 000＋10 000×（1－20%）＋50 000×（1－20%）－60 000－12 000］×10%－2 520＝6 580（元）

D.［100 000＋15 000＋10 000×（1－20%）＋50 000×（1－20%）×70%－60 000－12 000］×10%－2 520＝5 380（元）

参考答案及解析（三）

一、单项选择题

1.【答案】 A

【解析】 法律事实是法律关系发生、变更和消灭的直接原因，而法律事实包括法律事件和法律行为，因为本题是单选，只能选择一个答案，故正确答案是 A。

【知识点】 法律关系、法律事实。

2.【答案】 B

【解析】 选项 B，属于行政机关内部的人事安排，不属于行政诉讼的受案范围。

【知识点】 行政诉讼受理范围。

3.【答案】 B

【解析】 会计核算的内容包括：（1）款项和有价证券的收付；（2）财物的收发、增减和使用（D）；（3）债权债务的发生和结算；（4）资本、基金的增减（A）；（5）收入、支出、费用、成本的计算；（6）财务成果的计算和处理（C）；（7）需要办理会计手续、进行会计核算的其他事项。编制本单位预算不属于会计核算的内容。

【知识点】 会计核算的内容。

4.【答案】 C

【解析】 担任单位会计机构负责人（会计主管人员）的，应当具备会计师以上专业技术职务资格或者从事会计工作不少于 3 年。（1）选项 A，从事会计工作少于 3 年，故不符合条件；（2）选项 B，助理会计师职务低于会计师，故不符合条件；（3）选项 D，注册会计师不是会计专业职务，故不符合条件。

【知识点】 单位会计机构负责人（会计主管人员）的任职资格。

5.【答案】 B

【解析】 （1）选项 A，属于初级职称；（2）选项 B，属于中级职称；（3）选项 C，属于高级职称；（4）选项 D，属于单位行政领导人员，不属于会计职称。

【知识点】 会计专业职务。

6.【答案】 A

【解析】 （1）选项 A，属于票据的伪造；（2）选项 BCD，属于票据的变造。

【知识点】 票据伪造与变造。

7.【答案】 D

【解析】 在填写月、日时，月为壹、贰和壹拾的，日为壹至玖和壹拾、贰拾和叁拾的，应当在其前加“零”；日为拾壹至拾玖的，应当在其前加“壹”。而且应当使用中文大写。（1）选项 AB，月份未使用中文大写，且选项 B 中“拾玖日”前未加“壹”；（2）选项 C，“拾玖日”前应加“壹”。

【知识点】 票据出票日期的大写记载。

8.【答案】 C

【解析】 税法的构成要素一般包括纳税义务人、征税对象、税目、税率、计税依据、纳税环节、纳税期限（C）、纳税地点、税收优惠、法律责任等项目。

【知识点】 税法要素。

9.【答案】 C

【解析】（1）选项 A，单位或者个体工商户聘用的员工为本单位或者雇主提供加工、修理修配劳务，不征收增值税；（2）选项 BD，按照销售服务缴纳增值税。

【知识点】 增值税征税范围——销售劳务。

10.【答案】 B

【解析】 选项 B，个人独资企业、合伙企业，不适用《企业所得税法》，不属于企业所得税纳税义务人。

【知识点】 企业所得税纳税人的范围。

11.【答案】 D

【解析】 利息的税前扣除限额＝200×7.8％÷2＝7.8（万元），实际发生利息费用支出＝200×10％＝20（万元），实际支出额超过了扣除限额，故税前准予扣除金额为 7.8 万元，正确答案是选项 D。

【知识点】 企业所得税应纳税所得额的计算——利息的扣除标准。

12.【答案】 C

【解析】 企业应当自年度终了之日起“5 个月内”，向税务机关报送年度企业所得税纳税申报表，并汇算清缴，结清应缴应退税款。

【知识点】 企业所得税纳税期限。

13.【答案】 B

【解析】 应纳税额＝应纳税所得额×适用税率－减免税额－抵免税额＝1 200×25％－15－35＝250（万元）。

【知识点】 企业所得税应纳税额的计算。

14.【答案】 D

【解析】 从价计征的房产税应纳税额＝应税房产原值×（1－扣除比例）×1.2％。

房产原值，是指在账簿固定资产科目中记载的房屋原价，不需扣减折旧额。故本题正确答案是选项D。

【知识点】 房产税的计算。

15.【答案】 D

【解析】（1）选项ABC，属于免征车船税范围；（2）选项D，按货车减半征收车船税。

【知识点】 车船税的征税范围。

16.【答案】 D

【解析】 连房带地一起转让，成交价格应当既包括厂房及地上附着物的价款，又包括对应土地使用权的价款，但不含增值税。（1）选项A，未计入厂房及地上附着物价款，排除；（2）选项B，未计入土地使用权价款，排除；（3）选项CD，土地使用权价款和厂房及地上附着物的价款应当是不含税价格，故排除选项C，正确答案是选项D。

【知识点】 契税的计算。

17.【答案】 D

【解析】 铜矿的资源税以精矿的销售额为计税依据，原矿销售额应换算为精矿销售额。原矿的资源税为900×1.3×6%，精矿的资源税为1 600×6%，故甲铜矿10月应纳资源税＝900×1.3×6%＋1 600×6%＝166.2（万元）。

【知识点】 资源税的计算。

18.【答案】 D

【解析】 货物运抵我国关境内输入地点起卸后的运费和保险费不计入关税完税价格；向境外采购代理人支付的买方佣金不计入关税完税价格。（1）选项A，关税完税价格＝（17＋3）（万元），甲企业应缴纳的关税＝关税完税价格×关税税率＝（17＋3）×20%＝4（万元），故选项A正确；（2）选项BC，组成计税价格＝（关税完税价格＋关税）÷（1－消费税比例税率）＝（17＋3＋4）÷（1－25%）（万元），甲企业应纳进口环节增值税＝（17＋3＋4）÷（1－25%）×16%＝5.12（万元），甲企业应纳进口环节消费税＝（17＋3＋4）÷（1－25%）×25%＝8（万元），故选项BC正确；（3）选项D，进口货物缴纳的增值税、消费税税额，不征城建税和教育费附加，故选项D错误。

【知识点】 进口环节相关税费的计算。

19.【答案】 A

【解析】 “五证合一、一照一码”登记制度改革所说的“五证”是指营业执照、组织机构代码证、税务登记证、社会保险登记证、统计登记证，不包括土地使用权证。

【知识点】 税务登记——“多证合一”登记制度改革。

20.【答案】 D

【解析】 选项 D，已经开具的发票存根联和发票登记簿，应当保存 5 年。

【知识点】 发票的使用和保管。

21.【答案】 D

【解析】 劳动合同的内容、条款必须合法，不合法的条款无效。我国《工伤保险条例》规定：“劳动者在工作时间、工作地点因工作原因受伤，属于工伤，用人单位承担工伤责任。”

【知识点】 订立劳动合同的原则。

22.【答案】 B

【解析】 (1) 选项 A，年休假最长时间是 15 天，该教师的寒暑假天数多于年休假天数，不能再享受年休假；(2) 选项 B，职工请事假累计 20 天以上且单位按照规定不扣工资的，不享受年休假，但本题扣了工资，可以享受年休假；(3) 选项 C，累计工作满 1 年不满 10 年的职工，请病假累计 2 个月以上的，就不享受年休假，刘某请假累计 3 个月，故刘某不能再享受 2018 年休假；(4) 选项 D，累计工作满 10 年不满 20 年的职工，请病假累计 3 个月以上的，就不享受年休假。刘某累计工作 15 年，2018 年请假累计 3 个半月，不享受年休假。

【知识点】 年休假的享受条件。

23.【答案】 C

【解析】 劳动者不能胜任工作，经过培训或者调整工作岗位，仍不能胜任工作的，用人单位需提前 30 日以书面形式通知劳动者本人或者额外支付劳动者 1 个月工资后，方可解除劳动合同。(1) 选项 A，未经培训或调整工作岗位，不能解除劳动合同；(2) 选项 B，通知当天解除劳动合同，应当额外支付一个月工资，未额外支付一个月工资，不能通知当天立即解除劳动合同；(3) 选项 D，劳动者经培训能够胜任工作的，不得解除劳动合同。

【知识点】 劳动合同的解除。

24.【答案】 B

【解析】 实际工作年限 10 年以上的，在本单位工作年限 5 年以上 10 年以下的医疗期为 9 个月。

【知识点】 医疗期的享受条件。

二、多项选择题

1.【答案】 ACD

【解析】 选项B，仲裁庭作出的仲裁裁决为终局裁决，仲裁裁决作出后，当事人就同一纠纷再申请仲裁或向人民法院起诉的，仲裁委员会或者人民法院不予受理。

【知识点】 仲裁。

2.【答案】 ABD

【解析】（1）选项AB，属于普通民事案件，适用《民事诉讼法》；（2）选项D，属于因劳动争议提起的诉讼，属于民事诉讼，适用《民事诉讼法》；（3）选项C，属于行政争议纠纷，不适用《民事诉讼法》。

【知识点】 民事诉讼的适用范围。

3.【答案】 ACD

【解析】 张三的行为属于伪造会计凭证的行为。根据《会计法》规定，对于伪造、变造会计凭证、会计账簿的行为，尚不构成犯罪的，由县级以上人民政府财政部门予以通报（D），对其直接负责的主管人员和其他直接责任人员，可以处3 000元以上5万元以下的罚款（A），其中的会计人员，5年内不得从事会计工作（C）。

【知识点】 违反会计法的责任。

4.【答案】 ABD

【解析】 选项C，委托收款背书的被背书人不得再以背书转让票据权利。

【知识点】 票据的背书。

5.【答案】 ABCD

【解析】 本题考核电子商业汇票必须记载事项，选项ABCD都属于其必须记载的事项。

【知识点】 电子商业汇票的出票——必须记载事项。

6.【答案】 AC

【解析】（1）选项AB，兼有不同税率的，从高适用税率，故选项A正确，选项B错误；（2）选项C，正确；（3）选项D，从高适用“税率”。

【知识点】 增值税兼营情况下税率和征收率的适用。

7.【答案】 ABC

【解析】 选项D，购进用于节日福利的商品，系用于集体福利。根据规定，购进货物用于集体福利、个人消费的，不视同销售，不计算销项税额，其对应的进项税额也不得抵扣。

【知识点】 准予抵扣的进项税额。

8.【答案】 BD

【解析】 选项 AC，增值税和企业所得税不得税前扣除。

【知识点】 企业所得税应纳税所得额——准予扣除的税费。

9.【答案】 AC

【解析】 (1) 选项 A，纳税人既建普通标准住宅又做其他房地产开发的，应分别核算增值额，不分别核算增值额或不能准确核算增值额的，其建造的普通标准住宅不能适用免税规定，故选项 A 应当缴纳土地增值税；(2) 选项 C，纳税人建造普通标准住宅（不包括高级公寓、别墅、度假村等）出售，增值额未超过扣除项目金额20%的，予以免税，纳税人建造高级公寓出售，不论增值额多少，都应当缴纳土地增值税；(3) 选项 BD，都属于免税范围。

【知识点】 土地增值税的征税范围。

10.【答案】 BC

【解析】 (1) 凡由“省级”人民政府确定的单位组织测定土地面积的，以测定的土地面积为准，故选项 A 错误；(2) 土地面积以“平方米”为计量标准，故选项 D 错误。

【知识点】 城镇土地使用税计税依据。

11.【答案】 ABC

【解析】 (1) 税款征收措施包括：责令缴纳 (B)、责令提供纳税担保 (A)、采取税收保全措施、采取强制执行措施、阻止出境 (C)；(2) 选项 D，查账征收属于税款征收方式。

【知识点】 税收征收管理——税款征收措施。

12.【答案】 ABC

【解析】 用人单位自用工之日起超过 1 个月不满 1 年未与劳动者订立书面劳动合同的，应当向劳动者每月支付 2 倍的工资。如果在此期间内，劳动者拒绝与用人单位签订合同，则此时应该终止劳动关系，用人单位有过错的，还应该支付补偿。

【知识点】 劳动合同的订立。

13.【答案】 AC

【解析】 (1) 选项 B，法定休假日加班即使安排补休，也要按劳动合同中规定的日工资标准的 300%支付加班费，故选项 B 错误。(2) 选项 D，因劳动者本人原因给用人单位造成经济损失的，劳动者应当赔偿损失。经济损失的赔偿，可从劳动者本人的工资中扣除，每月扣除的部分不得超过劳动者当月工资的 20%，3 000 元的20%是 600 元，扣 1 000 元，超过了 20%，故选项 D 错误。

【知识点】 加班工资和损害赔偿的计算。

14.【答案】 AC

【解析】 (1) 选项B，劳动合同被确认无效，劳动者已付出劳动的，用人单位应当向劳动者支付劳动报酬，故选项B错误；(2) 选项D，王某以欺诈手段与公司订立合同，该合同从订立时起就无效，公司有权解除劳动合同，故选项D错误。

【知识点】 劳动合同的解除。

15.【答案】 ACD

【解析】 选项B，灵活就业人员按照国家规定缴纳基本养老保险费“分别计入基本养老保险统筹基金和个人账户”。

【知识点】 社会保险费的征缴。

三、判断题

1.【答案】 ×

【解析】 仲裁不实行级别管辖和地域管辖，仲裁委员会由当事人协议选定。

【知识点】 仲裁委员会的选定。

2.【答案】 ×

【解析】 应该都采用订本式。

【知识点】 会计账簿的种类。

3.【答案】 √

【解析】 会计法律制度是会计职业道德的最低要求，故凡是会计法律制度不允许的行为都是会计职业道德要谴责的行为。

【知识点】 会计法律制度与会计职业道德的关系。

4.【答案】 ×

【解析】 发卡银行应当对借记卡持卡人在自动柜员机（ATM机）取款设定交易上限，每卡每日累计提款不得超过“2万元”人民币。

【知识点】 银行卡限额。

5.【答案】 √

【解析】 税收法律关系由主体、客体和内容三个方面构成。

【知识点】 税收法律关系。

6.【答案】 √

【知识点】 企业所得税征收管理——纳税期限。

7.【答案】 √

【解析】 投资者以房产投资联营、参与投资利润分配、共担风险的，按房产余值作为计税依据计缴房产税。

【知识点】 房产税计税依据。

8.【答案】 ×

【解析】 在部分公民放假的节日期间（妇女节、青年节），对参加社会活动或单位组织庆祝活动和照常工作的职工，单位应支付工资报酬，但不支付加班工资。

【知识点】 劳动合同必备条款——劳动报酬。

9.【答案】 ×

【解析】 病休期间，公休、假日和法定节日包括在内。

【知识点】 医疗期待遇。

10.【答案】 √

【解析】 对医疗期满尚未痊愈者，或者医疗期满后，不能从事原工作，也不能从事用人单位另行安排的工作，用人单位可以解除劳动合同，但应按规定给予经济补偿金。

【知识点】 医疗期与劳动合同的解除。

四、不定项选择题

【资料1】

1.【答案】 ABC

【解析】 存款人为单位的，其预留签章为该单位的公章或财务专用章加其法定代表人（单位负责人）或其授权的代理人的签名或者盖章。

【知识点】 银行结算账户的开立——预留签章。

2.【答案】 ABC

【解析】 选项D，基本存款账户是存款人的主办账户，一个单位只能开立一个基本存款账户，丙银行拒绝甲公司再开立基本存款账户合乎规定。

【知识点】 基本存款账户。

3.【答案】 ABC

【解析】 （1）选项A，一般存款账户用于办理存款人借款转存、借款归还和其他结算的资金收付，甲公司向丁银行贷款，应当开立一般存款账户，故选项A正确；（2）选项B，企业开立一般存款账户应该提供基本存款账户编号，故选项B正确；（3）选项C，企业开立的银行结算账户开立当天即可办理资金收付结算，故选项C正确；（4）选项D，甲公司在丁银行开立的是一般存款账户，一般存款账户可以办理现金缴存，但不得办理现金支取，故选项D错误。

【知识点】 银行结算账户——概念和使用规定。

4.【答案】 BCD

【解析】 选项 A，甲公司应在注销营业执照之日起“5 个工作日”内向银行提出撤销银行结算账户的申请。

注意：虽然企业开立基本存款账户不再需要人民银行核准，不再发给基本存款账户许可证，但是企业以前取得基本存款账户开户许可证的，撤销时应交回。

【知识点】 银行结算账户的撤销。

【资料 2】

1.【答案】 B

【解析】 销售摩托车同时收取的手续费属于价外费用（视为含税收入），应作价税分离后并入销售额征收消费税，故甲企业销售定制摩托车应缴纳消费税＝（226 000＋33 900）÷（1＋13％）×10％＝23 000（元），正确答案是选项 B。

【知识点】 价外费用与消费税的计算。

2.【答案】 A

【解析】 纳税人用于换取生产资料和消费资料、投资入股和抵偿债务等方面的应税消费品，应当以纳税人同类应税消费品的最高销售价格作为计税依据计算消费税，最高销售价格是 1.6 万元，故应纳消费税＝20×1.6×10％＝3.2（万元），正确答案是选项 A。

【知识点】 最高计税价格、消费税的计算。

3.【答案】 ABCD

【解析】 （1）选项 A，销售应税消费品应当缴纳消费税；（2）选项 BCD，视同销售应税消费品，应当缴纳消费税。

【知识点】 消费税征税范围。

4.【答案】 C

【解析】 采取预收货款结算方式的，消费税纳税义务发生时间为发出应税消费品的当天，即 7 月 15 日。

【知识点】 消费税纳税义务发生时间。

【资料 3】

1.【答案】 ACD

【解析】 （1）选项 A，个人转让自用达 5 年以上、并且是唯一的家庭生活用房取得的所得，暂免征收个人所得税；（2）选项 B，企业颁发的奖金不属于免税项目，应当并入工资、薪金所得计征个人所得税；（3）选项 C，保险赔款免征个人所得税；（4）选项 D，个人领取原提存的住房公积金、基本医疗保险金、基本养老保险金等，免征个人所得税。

【知识点】 个人所得税税收优惠。

2.【答案】 D

【解析】 选项D，张三在甲公司任职，其为乙公司提供的设计劳务，属于独立从事非雇佣劳务，应按劳务报酬所得项目计缴个人所得税。

【知识点】 个人所得税应税项目。

3.【答案】 B

【解析】 对个人购买福利彩票、赈灾彩票、体育彩票，一次性中奖收入在1万元以下的（含1万元），暂免征收个人所得税；超过1万元的，全额征收个人所得税。故此次中奖5 000元，免征个人所得税，正确答案是选项B。

【知识点】 个人所得税应税项目——偶然所得。

4.【答案】 D

【解析】 （1）偶然所得：5 000元，未超过10 000元，免税。

（2）房产购入超过5年，且是家庭唯一住房，免税；保险赔款，免税；提取住房公积金，免税。

（3）综合所得

工资、薪金所得收入＝100 000＋15 000＝115 000（元）；（公司奖励15 000元应并入工资薪金所得）

劳务报酬所得收入：10 000元；

稿酬所得收入：50 000元。

（4）综合所得应纳税所得额合计＝（100 000＋15 000）＋10 000×（1－20％）＋50 000×（1－20％）×70％－60 000－12 000＝79 000（元）。

（5）综合所得适用税率10％，速算扣除数2 520，故2019年应纳税额＝［（100 000＋15 000）＋10 000×（1－20％）＋50 000×（1－20％）×70％－60 000－12 000］×10％－2 520＝5 380（元），故正确答案是选项D。

【知识点】 个人所得税应纳税额的计算。

考前六套卷（四）

初级会计资格考试

《经济法基础》考前六套卷（四）

一、**单项选择题**（本类题共24小题，每小题1.5分，共36分。每小题备选答案中，只有一个符合题意的正确答案。多选、错选、不选均不得分）

1. 下列各项中，属于法律事实中的相对事件的是(　　)。

A. 战争　　B. 海啸

C. 酒驾　　D. 签发支票

2. 甲、乙发生合同纠纷，继而对双方事先签订的仲裁协议效力发生争议。甲提请丙仲裁委员会确认仲裁协议的效力，乙提请丁法院确认仲裁协议的效力。关于确定该仲裁协议效力的下列表述中，符合法律规定的是(　　)。

A. 应由丙仲裁委员会对仲裁协议的效力作出决定

B. 应由丁法院对仲裁协议的效力作出裁定

C. 应根据甲、乙提请确认仲裁协议效力的时间先后来确定由丙仲裁委员会决定或丁法院裁定

D. 该仲裁协议自然失效

3. 根据会计法律制度的规定，下列各项中，不属于会计报表组成部分的是（　　）。

A. 资产负债表　　B. 现金流量表

C. 记账凭证　　D. 利润表

4. 根据会计法律制度的规定，下列行为中，属于会计工作政府监督的是(　　)。

A. 个人检举会计违法行为

B. 会计师事务所对单位经济活动进行审计

C. 单位内部审计机构审核本单位会计账簿

D. 财政部门对各单位的会计工作进行监督检查

5. 企业、行政事业单位应建立与实施内部控制制度，以下不属于行政事业单位应遵循的内部控制原则的是（　　）。

A. 成本效益原则　　B. 全面性原则

C. 重要性原则　　D. 制衡性原则

6. 根据支付结算法律制度的规定，下列办理支付结算的主体中，属于中介机构的是(　　)。

A. 银行　　B. 企业

C. 个人　　D. 单位

7. 乙银行签发的一张银行本票被甲所窃取，甲将该本票背书送给其女友丙作生日礼物，丙不知该本票系甲偷盗所得，按期持票要求乙银行付款。假设乙银行知晓该本票系甲偷盗所得并送给丙，对于丙的付款请求，根据票据法律制度的规定，下列表述中，正确的是(　　)。

A. 根据票据无因性原则，乙银行应当支付

B. 丙无对价取得本票，乙银行应拒绝支付

C. 虽甲取得本票不合法，但因丙不知情，乙银行应支付

D. 甲取得本票不合法，且丙无对价取得本票，乙银行应拒绝支付

8. 根据增值税法律制度的规定，一般纳税人销售下列货物，不适用 9%税率的是(　　)。

A. 食用盐　　B. 化肥

C. 饲料　　D. 淀粉

9. 甲首饰店是增值税一般纳税人。2019 年 11 月采取以旧换新方式销售一批金首饰。该批金首饰含增值税售价为 135 600 元，换回的旧首饰作价 124 300 元，甲首饰店实际收取差价款 11 300 元。已知增值税税率为 13%。甲首饰店当月该笔业务增值税销项税额的下列计算列式中，正确的是(　　)。

A. 135 600÷（1＋13%）×13%＝15 600（元）

B. 124 300÷（1＋13%）×13%＝14 300（元）

C. 135 600×13%＝17 628（元）

D. 11 300÷（1＋13%）×13%＝1 300（元）

10. 甲商店为增值税小规模纳税人，2019 年 10 月取得商品销售收入 41 200 元，将一批外购商品无偿赠送给物业公司用于社区活动，该批商品的含税价格 515 元。已知增

值税征收率为3%。计算甲商店该月应缴纳增值税税额的下列算式中，正确的是（　　）。

A. [41 200＋515÷（1＋3%）]×3%＝1 251（元）

B.（41 200＋515）×3%＝1 251.45（元）

C. [41 200÷（1＋3%）＋515]×3%＝1 215.45（元）

D.（41 200＋515）÷（1＋3%）×3%＝1 215（元）

11. 根据增值税法律制度的规定，纳税人提供的下列各项服务中，不享受免征增值税优惠政策的是（　　）。

A. 病虫害防治　　B. 体育彩票的发行收入

C. 个人销售自建自用住房　　D. 非学历教育收取的学费

12. 根据企业所得税法律制度的规定，企业的下列收入中，属于不征税收入的是（　　）。

A. 接受捐赠的收入

B. 依法收取并纳入财政管理的政府性基金

C. 在中国境内设立机构、场所的非居民企业从居民企业取得与该机构、场所有实际联系的股息、红利等权益性投资收益

D. 符合条件的居民企业之间的股息、红利等权益性投资收益

13. 甲企业2019年发生合理的工资薪金支出200万元，发生职工福利费36万元，职工教育经费3万元。已知，在计算企业所得税应纳税所得额时，职工福利费支出、职工教育经费支出的扣除比例分别为不超过工资、薪金总额的14%和8%。根据企业所得税法律制度的规定，甲企业计算2019年企业所得税应纳税所得额时，准予扣除的职工福利费和职工教育经费金额合计为（　　）。

A. 200×14%＋3＝31（万元）　　B. 36＋200×8%＝52（万元）

C. 36＋3＝39（万元）　　D. 200×14%＋200×8%＝44（万元）

14. 假设个体工商户张某2019年度取得营业收入200万元，当年发生业务宣传费25万元，上年度结转未扣除的业务宣传费15万元。已知业务宣传费不超过当年营业收入15%的部分，准予扣除；超过部分，准予在以后纳税年度结转扣除。则根据个人所得税法律制度的规定，张某在计算当年个人所得税应纳税所得额时，允许扣除的业务宣传费金额为（　　）万元。

A. 30　　B. 25

C. 40　　D. 15

15. 根据个人所得税法律制度的规定，下列各项中，在计算个人所得税应纳税所得额时不得扣除费用的是(　　)。

A. 偶然所得　　B. 工资、薪金所得

C. 财产转让所得　　D. 劳务报酬所得

16. 甲企业拥有一处原值 1 120 000 元的房产，已知房产税税率为 1.2%，当地规定的房产税减除比例为 30%。根据房产税法律制度的规定，甲企业该房产年应缴纳房产税税额的下列计算中，正确的是(　　)。

A. 1 120 000×1.2%=13 440（元）

B. 1 120 000÷（1−30%）×1.2%=19 200（元）

C. 1 120 000×（1−30%）×1.2%=9 408（元）

D. 1 120 000×30%×1.2%=4 032（元）

17. 根据车船税法律制度的规定，下列车船中，应当征收车船税的是(　　)。

A. 捕捞渔船　　B. 符合国家有关标准的纯电动商用车

C. 军队专用车船　　D. 观光游艇

18. 甲 4S 店购入小汽车 10 辆，根据车辆购置税法律制度的规定，下列行为中，应当由甲 4S 店作为纳税人缴纳车辆购置税的是(　　)。

A. 将其中 5 辆销售给客户　　B. 将其中 1 辆作为业务专用轿车

C. 将其中 1 辆赠送给客户　　D. 库存 3 辆尚未售出

19. 甲公司委托乙公司加工一批货物，合同约定原材料由甲公司提供，价值 100 万元，甲公司另支付加工费 20 万元。已知，购销合同印花税税率为 0.3‰，加工承揽合同印花税税率为 0.3‰。根据印花税法律制度的规定，下列关于乙公司应缴纳印花税的计算中，正确的是(　　)。

A. 1 000 000×0.3‰=300（元）

B. （200 000+1 000 000）×0.3‰=360（元）

C. 200 000×0.3‰=60（元）

D. （1 000 000−200 000）×0.3‰=240（元）

20. 根据城市维护建设税法律制度的规定，下列关于城市维护建设税税收优惠的表述中，不正确的是(　　)。

A. 对出口产品退还增值税的，可同时退还已缴纳的城市维护建设税

B. 海关对进口产品代征的增值税，不征收城市维护建设税

C. 对增值税实行先征后退办法的，除另有规定外，不予退还增值税附征的城市维护建设税

D. 对增值税实行即征即退办法的，除另有规定外，不予退还增值税附征的城市维护建设税

21. 根据税收征收管理法律制度的规定，下列各项中，不适用税收保全的财产是(　　)。

A. 纳税人的金银首饰　　B. 纳税人的别墅

C. 纳税人的豪华小汽车　　D. 纳税人的家庭唯一普通住房

22. 税务机关做出的下列具体行政行为，申请人不服，应当先向复议机关申请行政复议，对行政复议决定不服的，可以再向人民法院提起行政诉讼的是(　　)。

A. 确认适用税率　　B. 税收保全行为

C. 发票管理行为　　D. 行政处罚行为

23. 某企业职工王某的月工资为 2 000 元，当地社会平均工资为 3 600 元，最低工资为 1 800元，根据劳动保险法的有关规定，王某每月应由个人缴纳的基本养老保险费为(　　)元。

A. 2 000×8％＝160　　B. 2 000×60％×8％＝96

C. 3 600×60％×8％＝172.8　　D. 1 800×8％＝144

24. 王某因劳动合同终止而失业。已知王某工作年限已满 8 年，缴纳失业保险费的时间已满 4 年，且符合失业保险待遇享受条件。根据社会保险法律制度的规定，王某领取失业保险金的最长期限为(　　)个月。

A. 12　　B. 24　　C. 6　　D. 18

二、多项选择题（本类题共 15 小题，每小题 2 分，共 30 分。每小题备选答案中，有两个或两个以上符合题意的正确答案，多选、少选、错选、不选均不得分）

1. 北京的甲公司和长沙的乙公司于 2019 年 4 月 1 日在上海签订一买卖合同。合同约定，甲公司向乙公司提供一批货物，双方应于 2019 年 4 月 10 日在厦门交货并付款。双方就合同纠纷管辖权未作约定。其后，甲公司依约交货，但乙公司拒绝付款。经交涉无效，甲公司准备对乙公司提起诉讼。下列各地方的人民法院中，对甲公司拟提起的诉讼有管辖权的有(　　)。

A. 北京　　B. 长沙　　C. 上海　　D. 厦门

2. 根据民事诉讼法律制度的规定，下列各项请求权中，不适用诉讼时效的有(　　)。

A. 五楼的张三因在阳台上悬挂重物对楼下住户构成危险，一楼的李四要求移除该重物

B. 房东王某请求程某返还所占用的自己的房屋

C. 张某请求刘某返还自己的一艘因洪水被冲走的渔船，该渔船未在登记机关登记

D. 林女士要求前夫支付所欠女儿的抚养费

3. 根据会计法律制度的规定，下列各项中，属于会计专业职务的有(　　)。

A. 高级会计师　　B. 总会计师　　C. 会计师　　D. 注册会计师

4. 2019年10月10日，甲公司持一张出票人为乙公司、金额为100万元、到期日为2019年10月10日、承兑人为M银行的银行承兑汇票向M银行提示付款。M银行发现乙公司未将汇票金额足额交存M银行，仅交存了20万元。则M银行拟采取的下列做法中，正确的有(　　)。

A. 于2019年10月10日起对乙公司尚未交存的80万元开始计收利息

B. 于2019年10月10日起向甲公司付款20万元

C. 于2019年10月10日拒绝付款并出具拒绝付款证明

D. 于2019年10月10日向甲公司付款100万元

5. 甲公司签发一张支票用于支付乙公司货款，委托甲公司的开户银行丙银行付款。根据票据法律制度的规定，下列关于该支票基本当事人的说法中正确的有(　　)。

A. 甲公司是出票人　　B. 乙公司是收款人

C. 丙银行是付款人　　D. 甲公司是付款人

6. 根据增值税法律制度的规定，下列各项中，属于视同销售货物的有(　　)。

A. 将购进的货物无偿赠送给其他单位

B. 将购进的货物分配给股东

C. 将购进的货物投资给其他单位

D. 将购进的货物用于本单位集体福利

7. 根据增值税法律制度的规定，下列各项中，属于增值税专用发票基本联次的有(　　)。

A. 发票联　　B. 存根联　　C. 抵扣联　　D. 记账联

8. 根据企业所得税法律制度的规定，下列关于确定所得来源地的表述中，正确的有(　　)。

A. 提供劳务所得，按照劳务发生地确定

B. 销售货物所得，按照交易活动发生地确定

C. 不动产转让所得，按照转让不动产的企业所在地确定

D. 股息所得，按照分配股息的企业所在地确定

9. 根据企业所得税法律制度的规定，某公司2019年6月购入的下列设备和器具中，在计算企业所得税时，可以一次性扣除成本费用的有（　　）。

A. 20万元的一台卡车　　B. 600万元的一艘船舶

C. 10万元的一台复印机　　D. 400万元的一栋房屋

10. 根据个人所得税法律制度的规定，下列选项按照特许权使用费所得缴纳个人所得税的有（　　）。

A. 李某将自己的一项发明专利许可甲公司使用5年，每年收取专利使用费20万元

B. 刘某将自己的书稿交乙出版社出版，按销售量领取的版税

C. 张某许可某电影制作公司利用自己编写的一部剧本拍摄电影，取得的收入

D. 个人转让自己持有的一项商标权

11. 根据个人所得税法律制度的规定，下列情形中，纳税人应当按照规定办理个人所得税自行纳税申报的有（　　）。

A. 取得综合所得需要办理汇算清缴的　　B. 年所得12万元以上的

C. 从中国境外取得所得的　　D. 取得应纳税所得，没有扣缴义务人的

12. 甲、乙两家企业共有一项土地使用权，土地面积为3 000平方米，甲、乙企业的实际占用比例为2∶1。已知该土地适用的城镇土地使用税税额为每平方米5元。根据城镇土地使用税法律制度的规定，甲、乙企业共用该土地应缴纳城镇土地使用税，下列处理正确的有（　　）。

A. 甲企业应纳城镇土地使用税＝3 000×5＝15 000（元）

B. 乙企业应纳城镇土地使用税＝3 000×5＝15 000（元）

C. 甲企业应纳城镇土地使用税＝3 000×2÷3×5＝10 000（元）

D. 乙企业应纳城镇土地使用税＝3 000×1÷3×5＝5 000（元）

13. 根据土地增值税法律制度的规定，下列各项中，属于土地增值税核定征收的情形的有（　　）。

A. 依照法律、行政法规的规定应当设置但未设置账簿的

B. 擅自销毁账簿或者拒不提供纳税资料的

C. 虽设置账簿，但账目混乱或者成本资料、收入凭证、费用凭证残缺不全，难以确定转让收入或扣除项目金额的

D. 申报的计税依据明显偏低，又无正当理由的

14. 根据税收征收管理法律制度的规定，下列各项中，适用纳税担保的情形有(　　)。

A. 纳税人同税务机关在纳税上发生争议而未缴清税款，需要申请行政复议的

B. 纳税人在税务机关责令缴纳应纳税款限期内，有明显转移、隐匿其应纳税的商品、货物以及应纳税收入的迹象的

C. 欠缴税款、滞纳金的纳税人或者其法定代表人需要出境的

D. 从事生产、经营的纳税人未按规定期限缴纳税款，税务机关责令限期缴纳，逾期仍未缴纳的

15. 赵某日工资300元，2019年1月1日至3日甲公司安排赵某加班，1月2日、3日为周末，三天加班均未支付加班费，也未安排调休。劳动行政部门责令甲公司限期支付加班费，甲公司逾期仍不支付。根据规定，劳动行政部门可以要求甲公司加付的赔偿金符合规定的有(　　)。

A. 1 050元　　B. 1 200元　　C. 2 100元　　D. 4 200元

三、判断题（本类题共10小题，每小题1分，共10分。请判断每小题的表述是否正确，每小题答题正确的得1分，答题错误的扣0.5分，不答题的不得分也不扣分，本类题最低得分为零分）

1. 行政复议的举证责任，由申请人承担。(　　)
2. 会计资料的真实性和准确性，是会计资料最基本的质量要求，是会计工作的生命。(　　)
3. 会计专业技术人员参加继续教育实行学分制管理，每年参加继续教育取得的学分不得少于60学分。(　　)
4. 直接通过网上银行进行的支付属于狭义的线上支付。(　　)
5. 增值税小规模纳税人发生应税销售行为，开具增值税普通发票，交易中需要使用增值税专用发票的，只能申请税务机关代开。(　　)
6. 2019年，某企业实际支付残疾人员工资150万元，则该部分工资在据实扣除的基础上，还可以再加计150万元扣除。(　　)
7. 在中国境内无住所又不在中国境内居住的外国公民不是我国个人所得税纳税人。(　　)
8. 机动车销售统一发票属于增值税普通发票。(　　)
9. 单位制定的合法有效的劳动规章制度是劳动合同的组成部分，对用人单位和劳动者均具有法律约束力。(　　)

10. 劳动争议由劳动合同履行地或者用人单位所在地的劳动争议仲裁委员会管辖。双方当事人分别向两地申请仲裁的，由用人单位所在地的劳动争议仲裁委员会管辖。（　　）

四、不定项选择题（本类题共12小题，每小题2分，共24分。每小题备选答案中，有一个或一个以上符合题意的正确答案，每小题全部选对得满分，少选得相应分值，多选、错选、不选均不得分）

【资料1】

张某年满18周岁，2019年发生下列事项：

（1）3月6日，外出打工，应聘到甲公司工作，便在当地M银行申请了一张Ⅰ类借记卡。3月10日，张某又到M银行要求再办理一张Ⅰ类借记卡，M银行工作人员查询后拒绝办理。

（2）6月1日，在当地N银行申办了一张信用卡。

（3）6月5日，为方便出行，在某预付卡发行机构申办了一张公交卡，并使用现金充值100元，办理时未出具自己的身份证件。

（4）8月16日，张某在乘车时钱包被盗，里面的借记卡、信用卡和预付卡一同被盗，张某立即向发卡机构申请挂失。

要求：根据上述资料，不考虑其他因素，分析回答下列问题。

1. 根据事项（1），下列表述正确的是(　　)。

A. 张某办理借记卡时，需出具本人的身份证件和甲公司证明

B. 张某办理的借记卡可以透支

C. 张某存入此卡的款项，银行不计付利息

D. M银行工作人员拒绝张某再办理Ⅰ类借记卡符合规定

2. 根据事项（2），张某使用其信用卡可以办理的业务包括(　　)。

A. 通过银行柜面提取现金

B. 通过ATM等自助机具提取现金

C. 将该卡预借现金额度内的资金转到张某本人的银行结算账户

D. 将该卡预借现金额度内的资金划到他人的银行结算账户

3. 根据事项（3），关于张某所申办的预付公交卡，下列表述正确的是(　　)。

A. 张某办理的是记名预付卡

B. 张某办理的是不记名预付卡

C. 张某除了使用现金充值外，也可以转账充值，还可以使用信用卡充值

D. 该预付卡的资金限额不能超过500元

4. 根据事项（4），下列各项中，属于张某可以采取的补救措施是(　　)。

A. 向发卡机构或代办银行申请挂失借记卡

B. 向发卡机构或代办银行申请挂失信用卡

C. 向发卡机构挂失公交卡

D. 向人民法院申请公示催告

【资料2】

甲公司为增值税一般纳税人，主要从事化妆品的生产和销售，2019年11月有关经营情况如下：

（1）销售一批Ⅰ型高档化妆品，取得不含增值税价款791万元，另收取包装费5.65万元。

（2）接受乙公司委托，加工一批Ⅱ型高档化妆品，收取不含增值税加工费34万元，乙公司提供的原材料成本85万元。已知甲公司无同类产品销售价格。

（3）进口一批Ⅲ型高档化妆品，海关审定的货价255万元，运抵我国关境内输入地点起卸前支付的包装费34万元、运输费17万元、保险费8.5万元。

已知：高档化妆品消费税税率为15%，关税税率为10%，增值税税率为13%。

要求：根据上述资料，分别回答下列问题。

1. 根据事项（1），甲公司销售Ⅰ型高档化妆品应缴纳消费税税额的下列计算中，正确的是(　　)。

A. 791÷（1＋13%）×15%＝105（万元）

B. ［791＋5.65÷（1＋13%）］×15%＝119.4（万元）

C. （791＋5.65）×15%＝119.4975（万元）

D. 791×15%＝118.65（万元）

2. 根据事项（2），甲公司受托加工Ⅱ型高档化妆品应代收代缴消费税税额的下列计算中，正确的是(　　)。

A. （85＋34）×15%＝17.85（万元）

B. （85＋34）÷（1－15%）×15%＝21（万元）

C. ［85÷（1－15%）＋34］×15%＝20.1（万元）

D. ［85＋34÷（1－15%）］×15%＝18.75（万元）

3. 根据事项（3），甲公司进口高档化妆品的下列各项支出中，应计入进口货物关税完税价格的是(　　)。

A. 货价 255 万元　　B. 运输费 17 万元

C. 保险费 8.5 万元　　D. 包装费 34 万元

4. 根据事项（3），甲公司进口Ⅲ型高档化妆品应纳消费税额的下列计算中，正确的是(　　)。

A.（255＋17）×（1＋10％）×15％＝44.88（万元）

B.（255＋34＋8.5）×（1＋10％）×15％＝49.0875（万元）

C.（255＋34＋17＋8.5）×（1＋10％）÷（1－15％）×15％＝61.05（万元）

D.（255＋34＋17＋8.5）÷（1－15％）×15％＝55.5（万元）

【资料 3】

刘某与甲、乙两公司 2019 年发生下列事项：

(1) 2019 年 1 月 20 日，A 市劳务派遣单位甲公司与 B 市的用工单位乙公司签订劳务派遣协议，双方约定：甲公司派遣刘某到乙公司从事临时性工作 7 个月，时间为 2019 年 2 月 1 日至 2019 年 8 月 31 日。临时性工作结束后，甲公司安排刘某回家休息，说是放长假，假期内无工资，何时再工作，等候通知。

(2) 2019 年 10 月 31 日，刘某上网时了解到，劳务派遣人员在无工作期间也应该发工资，刘某继而查询到，自己的社保缴费情况，得知自 2019 年 2 月 1 日被派遣以来，甲公司未为自己缴纳社会保险费。

(3) 2019 年 11 月 1 日，刘某向甲公司索要无工作期间的工资，并要求甲公司为自己补缴社保，被甲公司拒绝，刘某当即通知甲公司，解除双方的劳动合同。

要求：根据上述资料，不考虑其他因素，分析回答下列问题。

1. 根据事项（1），下列表述正确的是(　　)。

A. 刘某与甲公司建立劳动关系

B. 刘某与乙公司建立劳动关系

C. 甲公司可以派遣刘某在乙公司从事各种性质的工作

D. 甲公司派遣刘某在乙公司工作 7 个月符合规定

2. 根据事项（2），下列关于刘某无工作期间的工资待遇的表述中，正确的是(　　)。

A. 应由甲公司按月发放工资

B. 应由乙公司按月发放工资

C. 应停发工资

D. 如应发放工资，则发放标准为当地最低工资标准

3. 根据事项（3），下列关于刘某通知甲公司解除劳动合同的表述中，正确的是（　　）。

A. 刘某应提前30日通知甲公司解除劳动合同

B. 刘某应与甲公司协商后解除劳动合同

C. 刘某须事先告知甲公司才可解除劳动合同

D. 刘某可随时通知甲公司解除劳动合同

4. 根据事项（2）（3），下列关于刘某可以采取的救济措施的各项表述中，正确的是（　　）。

A. 刘某与甲公司协商解决

B. 刘某向调解组织申请调解

C. 刘某申请劳动仲裁。刘某可以自2019年11月1日起的6个月内向乙公司所在地劳动仲裁委员会申请劳动仲裁

D. 刘某提起劳动诉讼。但提起诉讼前，必须先经过劳动仲裁。仲裁委员会不予受理或者对仲裁结果不服的，才可以提起劳动诉讼

参考答案及解析（四）

一、单项选择题

1.【答案】 A

【解析】（1）选项 A，属于法律事件中的相对事件；（2）选项 B，属于法律事件中的绝对事件；（3）选项 CD，是人有目的、有意识的活动，属于法律行为。

【知识点】 法律事实的种类。

2.【答案】 B

【解析】 当事人对仲裁协议的效力有异议的，可以请求仲裁委员会作出决定或者请求人民法院作出裁定。一方请求仲裁委员会作出决定，另一方请求人民法院作出裁定的，由人民法院裁定。本案中，甲提请丙仲裁委员会确认仲裁协议有效，乙提请丁法院确认仲裁协议无效，则应该由丁法院对仲裁协议的效力作出裁定。故选项 B 正确。

【知识点】 仲裁协议。

3.【答案】 C

【解析】 会计报表包括资产负债表、现金流量表、利润表及相关附表，故选项 C 不属于会计报表的组成部分。

【知识点】 会计报表组成。

4.【答案】 D

【解析】 会计工作的政府监督，主要是指财政部门代表国家对各单位和单位中相关人员的会计行为实施的监督检查，以及对发现的违法会计行为实施行政处罚。（1）选项 AB，属于社会会计监督；（2）选项 C，属于单位内部的会计监督。

【知识点】 会计监督。

5.【答案】 A

【解析】 选项 A，属于企业内部控制的原则。

【知识点】 内部控制制度。

6.【答案】 A

【解析】 选项 ABCD 都属于支付结算的主体，但其中只有选项 A 属于支付结算和资金清算的中介机构。

【知识点】 支付结算主体。

7.【答案】 D

【解析】 丙因接受赠与可以无偿取得票据权利，不受给付对价的限制。但是，其所享有的票据权利不得优于其前手甲，而甲因偷盗取得票据，不享有票据权利，因此，丙也不享有票据权利。

【知识点】 票据权利的取得。

8.【答案】 D

【解析】（1）选项 ABC，适用 9%税率；（2）选项 D，淀粉属于深加工农产品，适用 13%的基本税率，不适用 9%的低税率。

【知识点】 增值税税率。

9.【答案】 D

【解析】 纳税人采取以旧换新方式销售金银首饰，应按照其实际收取的不含增值税的全部价款征收增值税，故正确答案是选项 D。

【知识点】 增值税销售额的确定——金银首饰的以旧换新。

10.【答案】 D

【解析】 销售商品收入 41 200 元是含税收入，应换算为不含税收入；外购无偿赠送的 515 元商品应视同销售，515 元也应该换算为不含税收入。故计算公式为（41 200＋515）÷（1＋3%）×3%＝1 215（元），正确答案是选项 D。

【知识点】 增值税计算——简易计税方法。

11.【答案】 D

【解析】 选项 D，学历教育收取的学费，免征增值税，非学历教育收取的学费，征收增值税。

【知识点】 增值税税收优惠。

12.【答案】 B

【解析】（1）选项 A，属于应税收入；（2）选项 CD，属于免税收入，但不包括连续持有居民企业公开发行并上市流通的股票不足 12 个月取得的投资收益。

【知识点】 企业所得税不征税收入和免税收入。

13.【答案】 A

【解析】（1）职工福利费税前扣除限额＝200×14%＝28（万元），实际发生 36 万元，故税前准予扣除 28 万元；（2）职工教育经费税前扣除限额＝200×8%＝16（万元），实际发生 3 万元，未超过扣除限额，准予全额税前扣除；（3）准予扣除的职工福利费和职工教育经费金额合计为 28＋3＝31（万元）。

【知识点】 企业所得税“三项经费”的扣除限额。

14.【答案】 A

【解析】（1）2019 年度业务宣传费税前扣除限额＝200×15％＝30（万元）；（2）2019 年度待扣金额为 25＋15＝40（万元）；（3）待扣金额超过扣除限额，故 2019 年税前准予扣除的业务宣传费金额为 30 万元。

【知识点】 个体工商户的经营所得费用扣除——业务宣传费的扣除限额。

15.【答案】 A

【解析】 偶然所得在计算个人所得税应纳税所得额时不得扣除费用。

【知识点】 个人所得税不得扣除的项目。

16.【答案】 C

【解析】（1）从价计征房产税的房产，依照房产原值一次减除规定的减除比例后的余值计算缴纳房产税，适用年税率为 1.2％；（2）甲企业该房产年应缴房产税税额为 1 120 000×（1－30％）×1.2％＝9 408（元）。

【知识点】 房产税应纳税额的计算。

17.【答案】 D

【解析】 选项 ABC，免征车船税。

【知识点】 车船税的征税范围。

18.【答案】 B

【解析】（1）选项 AC，由“购买方”“受赠人”缴纳车辆购置税，甲 4S 店不缴纳车辆购置税；（2）选项 B，甲 4S 店属于“购买并自用”，应当缴纳车辆购置税；（3）选项 D，购入待售车辆不需要缴纳车辆购置税，待进一步处置时再行确定纳税人，缴纳车辆购置税。

【知识点】 车辆购置税的征税范围。

19.【答案】 C

【解析】 原材料由委托方提供，且原材料费和加工费分别记载，加工承揽合同应按照“加工费”作为计税依据，加工费为 200 000 元，加工承揽合同印花税税率为 0.3‰，故应纳印花税＝200 000×0.3‰＝60（元），正确答案为选项 C。

【知识点】 印花税的计税依据及其计算。

20.【答案】 A

【解析】 选项A，对出口产品退还增值税的，不退还已缴纳的城市维护建设税。

【知识点】 城市维护建设税的税收优惠。

21.【答案】 D

【解析】 (1) 个人及其所扶养家属维持生活必需的住房和用品，不在税收保全措施的范围之内；(2) 生活必需的住房和用品不包括机动车辆、金银饰品、古玩字画、豪华住宅或者一处以外的住房。

【知识点】 适用税收保全的财产范围。

22.【答案】 A

【解析】 (1) 选项A，属于征税行为，必须先申请复议，对复议决定不服的才可以再提起行政诉讼；(2) 选项BCD，可以选择复议，对复议决定不服的还可以再提起行政诉讼，也可以选择直接提起行政诉讼。

【知识点】 行政复议和行政诉讼的适用范围。

23.【答案】 C

【解析】 本人月平均工资低于当地职工月平均工资"60%"的 [3 600×60%＝2 160 (元),2 000元＜2 160元]，按当地职工月平均工资的60%作为缴费基数。王某每月应由个人缴纳的基本养老保险费为3 600×60%×8%＝172.8 (元)。

【知识点】 社会保险费的计算。

24.【答案】 A

【解析】 失业保险费缴费累计满1年不足5年的，领取失业保险金的期限最长为12个月。失业保险金的领取期限取决于"用人单位和本人的累计缴费年限"，与"本人工作年限"无关。

【知识点】 失业保险的领取期限。

二、多项选择题

1.【答案】 BD

【解析】 因合同纠纷提起的诉讼，当事人对管辖权未作约定的，由被告住所地（长沙）或者合同履行地（厦门）的人民法院管辖。

【知识点】 民事诉讼管辖。

2.【答案】 ABD

【解析】 选项C，不动产物权和登记的动产物权的权利人请求返还财产，不适用诉讼时效的规定。该船属于动产，因为未经登记，适用诉讼时效的规定。

【知识点】 诉讼时效。

3.【答案】 AC

【解析】 (1) 会计专业职务分为正高级会计师、高级会计师 (A)、会计师 (C) 和助理会计师; (2) 选项 B，总会计师不是会计专业职务，而是单位负责财务会计工作的行政领导职务; (3) 选项 D，注册会计师不是会计专业职务。

【知识点】 会计专业职务 (会计职称)。

4.【答案】 AD

【解析】 银行承兑汇票的出票人于汇票到期日未能足额交存票款时，承兑银行除向持票人无条件付款外，对出票人尚未交存的汇票金额按照每天万分之五计收利息。

【知识点】 商业汇票的到期处理。

5.【答案】 ABC

【解析】 选项 D，甲公司是出票人，是交易中款项的实际支付者，但不是票据关系中的付款人。

【知识点】 票据当事人。

6.【答案】 ABC

【解析】 外购货物用于投资、分配、赠送的视同销售，用于其他方面的不视同销售，故选项 D 不视同销售。

【知识点】 视同销售货物的情形。

7.【答案】 ACD

【解析】 增值税专用发票基本联次有：发票联、抵扣联和记账联。

【知识点】 增值税专用发票的基本联次。

8.【答案】 ABD

【解析】 选项 C，不动产转让所得，按照“不动产所在地”确定所得来源地。

【知识点】 企业所得税所得来源地的确定。

9.【答案】 AC

【解析】 根据规定，“企业在 2018 年 1 月 1 日至 2020 年 12 月 31 日期间新购进的设备、器具，单位价值不超过 500 万元的，允许一次性计入当期成本费用在计算应纳税所得额时扣除，不再分年度计算折旧；单位价值超过 500 万元的，仍按企业所得税法实施条例等相关规定执行。设备、器具，是指除房屋、建筑物以外的固定资产。” (1) 选项 AC，属于 500 万元以下的设备、器具，可以一次性扣除; (2) 选项

B，属于设备、器具，但超过了500万元，故不能一次性扣除，只能按规定的期限分年度计提折旧扣除；（3）选项D，未超过500万元，但是房屋不属于设备、器具，不能一次性扣除，只能按规定的期限分年度计提折旧扣除。

【知识点】 企业所得税资产的税务处理——固定资产。

10.【答案】 ACD

【解析】（1）选项ACD，属于特许权使用费所得；（2）选项B，属于稿酬所得。

【知识点】 个人所得税应税项目——特许权使用费所得。

11.【答案】 ACD

【解析】 选项B，新修改的个人所得税法取消了年所得12万元以上的应当办理个人所得税自行申报纳税的规定。

【知识点】 个人所得税自行纳税申报。

12.【答案】 CD

【解析】 土地使用权共有的，以共有各方实际使用土地的面积占总面积的比例，分别计算缴纳城镇土地使用税。

【知识点】 城镇土地使用税的计算。

13.【答案】 ABCD

【解析】 以上都属于应当核定征收的情形。

【知识点】 土地增值税的纳税清算——核定征收。

14.【答案】 ABC

【解析】 选项D，纳税人未按照规定期限缴纳税款的，税务机关可责令限期缴纳，逾期仍未缴纳的，经县以上税务局（分局）局长批准，税务机关可以依法采取“税收强制执行措施”。

【知识点】 税收征收管理——纳税担保。

15.【答案】 ABC

【解析】 1月1日为国家法定休假日，按照300%支付加班工资，1月1日的加班工资=300×300%×1=900（元）；1月2日、3日为周末加班，按照200%支付加班工资，1月2日、3日的加班工资=300×200%×2=1 200（元）。赵某的加班工资合计为900+1 200=2 100（元）。用人单位逾期不支付的，按应付金额50%以上100%以下的标准给予赔偿金，赔偿金最低为2 100×50%=1 050（元），最高为2 100×100%=2 100（元）。

【知识点】 劳动报酬——用人单位不支付加班工资的赔偿。

三、判断题

1.【答案】 ×

【解析】 行政复议的举证责任，由被申请人承担。

【知识点】 行政复议——举证责任。

2.【答案】 ×

【解析】 会计资料的“真实性和完整性”，是会计资料最基本的质量要求。

【知识点】 会计核算的基本要求。

3.【答案】 ×

【解析】 每年参加继续教育取得的学分不得少于90学分。

【知识点】 会计人员继续教育。

4.【答案】 ×

【解析】 直接通过网上银行进行的支付属于“广义的”线上支付。

【知识点】 网上支付。

5.【答案】 ×

【解析】 小规模纳税人（其他个人除外）发生增值税应税行为，需要开具增值税专用发票的，可以自愿使用增值税发票管理系统自行开具（但销售其取得的不动产除外）。

【知识点】 增值税专用发票的开具。

6.【答案】 √

【解析】 企业安置残疾人员就业的，在按照支付给残疾职工工资据实扣除的基础上，按照支付给残疾职工工资的100%加计扣除。

【知识点】 企业所得税税收优惠。

7.【答案】 ×

【解析】 在中国境内无住所又不在中国境内居住的外国公民虽然不是我国个人所得税的居民纳税人，但是属于非居民纳税人，其取得来源于中国境内的所得时应当向我国缴纳个人所得税。

【知识点】 个人所得税纳税人。

8.【答案】 ×

【解析】 机动车销售统一发票属于增值税专用发票。

【知识点】 发票的类型。

9.【答案】 √

【解析】 单位制定的合法有效的劳动规章制度是劳动合同的组成部分，对用人单位和劳动者均具有法律约束力。

【知识点】 劳动合同的履行。

10.【答案】 ×

【解析】 由“劳动合同履行地”的劳动争议仲裁委员会管辖。

【知识点】 劳动争议的管辖。

四、不定项选择题

【资料 1】

1.【答案】 D

【解析】（1）选项 A，张某办理借记卡时，需出具本人的身份证件，不需要出具甲公司证明，故选项 A 错误；（2）选项 B，借记卡无透支功能，故选项 B 错误；（3）选项 C，存款人存入借记卡的款项，银行应按规定计付利息，故选项 C 错误；（4）选项 D，存款人在同一银行只能开立一个Ⅰ类个人银行结算账户，M 银行工作人员拒绝张某再办理一张Ⅰ类借记卡符合规定，故选项 D 正确。

【知识点】 借记卡有关规定。

2.【答案】 ABC

【解析】（1）选项 ABC，信用卡持卡人可以使用信用卡办理预借现金业务，包括现金提取、现金转账和现金充值。选项 AB 属于现金提取，选项 C 属于现金转账。（2）选项 D，发卡机构不得将持卡人信用卡预借现金额度内资金划转至其他信用卡，以及非持卡人的银行结算账户或支付账户。

【知识点】 信用卡预借现金业务。

3.【答案】 B

【解析】（1）选项 AB，张某申报预付卡时，未提交身份证件，故其申报的预付卡是不记名预付卡，故选项 A 错误，选项 B 正确；（2）选项 C，预付卡可以现金充值或者转账充值，但不能使用信用卡充值，故选项 C 错误；（3）选项 D，不记名预付卡资金限额不得超过 1 000 元，故选项 D 错误。

【知识点】 预付卡。

4.【答案】 AB

【解析】（1）选项AB，存款人丧失银行卡，应立即持本人身份证件或其他有效证明，并按规定提供有关情况，向发卡机构或代办银行申请挂失；（2）选项C，张某申办的该公交卡是不记名预付卡，不记名预付卡不得挂失，故选项C错误；（3）选项D，公示催告属于票据丧失后的补救措施，不适用于银行卡和预付卡。

【知识点】银行卡丧失有关规定。

【资料2】

1.【答案】B

【解析】收取的包装费5.65万元属于价外费用（视为含税收入），应作价税分离后并入销售额计征消费税，故应纳消费税＝［791＋5.65÷（1＋13％）］×15％＝119.4（万元），故正确答案是选项B。

【知识点】销售消费税应税产品应纳消费税额的计算。

2.【答案】B

【解析】根据规定，委托加工应税消费品，按照受托方的同类消费品的销售价格计算征收消费税，没有同类消费品销售价格的，按照组成计税价格计算征收消费税。本题属于从价定率计征消费税，组成计税价格＝（材料成本＋加工费）÷（1－消费税比例税率），受托方应代收代缴的消费税＝组成计税价格×消费税比例税率＝（材料成本＋加工费）÷（1－消费税比例税率）×消费税比例税率＝（85＋34）÷（1－15％）×15％＝21（万元），故正确答案是选项B。

【知识点】委托加工消费税应税产品代收代缴消费税的计算。

3.【答案】ABCD

【解析】根据关税法律制度的规定，一般贸易项下进口的货物以海关审定的成交价格为基础的到岸价格作为完税价格，到岸价格包括货价以及货物运抵我国关境内输入地点起卸前的包装费、运费、保险费和其他劳务费，故选项ABCD均应计入关税完税价格。

【知识点】关税完税价格。

4.【答案】C

【解析】进口从价计征消费税的应税消费品，其进口环节的消费税＝（关税完税价格＋关税）÷（1－消费税比例税率）×消费税比例税率＝关税完税价格×（1＋关税税率）÷（1－消费税比例税率）×消费税比例税率＝（255＋34＋17＋8.5）×（1＋10％）÷（1－15％）×15％＝61.05（万元），故正确答案是选项C。

【知识点】 进口消费税应税产品应纳消费税额的计算。

【资料 3】

1.【答案】 A

【解析】 (1) 选项 AB，在劳务派遣关系中，劳动合同关系存在于劳务派遣单位与被派遣劳动者之间，被派遣劳动者不与用工单位签订劳动合同、发生劳动关系，故选项 A 正确，选项 B 错误；(2) 选项 C，劳务派遣用工是补充形式，只能在临时性、辅助性或者替代性的工作岗位上实施，故选项 C 错误；(3) 选项 D，刘某被派遣从事的是临时性岗位，而临时性工作岗位是指存续时间不超过 6 个月的岗位，故选项 D 错误。

【知识点】 劳务派遣——劳务派遣的概念和特征。

2.【答案】 AD

【解析】 被派遣劳动者在无工作期间，劳务派遣单位（甲公司）应当按照所在地人民政府规定的最低工资标准，向其按月支付报酬。

【知识点】 劳务派遣——劳务派遣单位、用工单位与劳动者的权利和义务。

3.【答案】 D

【解析】 用人单位未依法为劳动者缴纳社会保险费的，劳动者可以“随时通知”用人单位解除劳动合同，故选项 D 正确，选项 ABC 错误。

【知识点】 劳动合同的解除。

4.【答案】 ABD

【解析】 劳动争议申请仲裁的时效期间为 1 年。仲裁时效期间从当事人知道或者应当知道其权利被侵害之日起计算。劳动关系存续期间拖欠劳动报酬发生争议的，劳动者申请仲裁不受时效期间的限制；但是，劳动关系终止的，应当自劳动关系终止之日起 1 年内提出。劳动争议由劳动合同履行地或者用人单位所在地的仲裁委员会管辖。本题中，劳动关系的终止日期是刘某通知解除劳动合同之日即 2018 年 11 月 1 日，劳动合同履行地是乙公司所在地，用人单位所在地是甲公司所在地，故刘某可以自 2018 年 11 月 1 日起的“1 年内”向乙公司所在地或者甲公司所在地的劳动仲裁委员会申请劳动仲裁。故选项 C 错误。

【知识点】 劳动争议的解决。

考前六套卷（五）

初级会计资格考试

《经济法基础》考前六套卷（五）

一、**单项选择题**（本类题共 24 小题，每小题 1.5 分，共 36 分。每小题备选答案中，只有一个符合题意的正确答案。多选、错选、不选均不得分）

1. 刘某，15 周岁，系甲省杂技团专业演员，每月工资收入 4 000 元，完全能够满足自己生活所需。下列关于刘某民事行为能力的表述中，正确的是(　　)。

A. 刘某视为完全行为能力人

B. 刘某属于完全行为能力人

C. 刘某属于限制行为能力人

D. 刘某属于无行为能力人

2. 根据会计法律制度的规定，下列各项，不属于财务会计报告组成部分的是(　　)。

A. 会计报表　　B. 会计报表附注

C. 财务情况说明书　　D. 年度财务计划

3. 根据会计法律制度的规定，下列在对会计人员的任用中，未违背回避制度要求的是(　　)。

A. 国有企业法定代表人甲的妻子担任本单位财务部门经理

B. 公安局局长乙的女儿担任该局财务处出纳

C. 国有独资公司董事长丙的养子担任财务总监

D. 某事业单位财务处处长丁的继子担任本部门出纳

4. 出纳小张因父亲重病急需缴纳住院费，私自挪用了单位公款 3 000 元，事后及时归还。小张的做法违反的会计职业道德规范是(　　)。

A. 诚实守信　　B. 廉洁自律

C. 提高技能　　D. 强化服务

5. 根据支付结算法律制度的规定，下列关于一般存款账户的表述中，不正确的是(　　)。

A. 一般存款账户是存款人在基本存款账户开户银行以外的银行营业机构开立的银行结算账户

B. 一般存款账户可以在异地开立

C. 存款人可以通过一般存款账户办理转账结算和现金缴存，但不得办理现金支取

D. 一般存款账户是存款人的主要存款账户

6. 根据票据法律制度的规定，下列各项中，不适用于《票据法》范围的是(　　)。

A. 汇票　　B. 本票　　C. 支票　　D. 发票

7. 2019年5月5日，甲公司的供应商乙公司业务员张三来甲公司索要甲公司所欠乙公司货款1万元，甲公司会计人员李四即签发一张出票金额1万元的转账支票交予张三，并告知张三：支票存款账户现在只有0.8万元，但当日晚些时候会有一笔2万元款项入账，叮嘱张三第二日去银行提示付款。假如第二日该支票存款账户余额是2.8万元。则下列表述中正确的是(　　)。

A. 甲公司签发的这张支票是空头支票

B. 张三如果5月5日即持支票向银行提示付款，则该支票是空头支票，人民银行可对甲公司处以500元罚款

C. 张三如果当日持该支票提示付款，可以先支付0.8万元，不足部分可以第二日再行支付

D. 该张支票如果第二日提示付款不属于空头支票

8. 甲银行于2019年2月1日签发一张银行本票，则持票人的提示付款期限最迟为(　　)。

A. 2019年2月28日　　B. 2019年3月1日

C. 2019年2月11日　　D. 2019年4月1日

9. 根据支付结算法律制度的规定，下列各项中，属于支票必须记载的事项是(　　)。

A. 无条件支付的承诺　　B. 表明“支票”的字样

C. 付款地　　D. 收款人名称

10. 下列各项中，不属于税收法律关系主体的是(　　)。

A. 征税对象　　B. 纳税人

C. 海关　　D. 税务机关

11. 根据增值税法律制度的规定，一般纳税人销售自产的特殊货物，可选择按照简易办法计税，选择简易办法计算缴纳增值税后一定期限内不得变更，该期限是(　　) 个月。

A. 12　　B. 24　　C. 36　　D. 48

12. 甲厂为增值税一般纳税人，2019 年 5 月销售食品取得不含增值税价款 113 万元，另收取包装物押金 2.26 万元。已知增值税税率为 13%，甲厂当月销售食品应缴纳增值税的下列计算中，正确的是(　　)。

A. (113＋2.26) ÷ (1＋13%) ×13%＝13.26 (万元)

B. 113÷ (1＋13%) ×13%＝13 (万元)

C. 113×13%＝14.69 (万元)

D. [113＋2.26÷ (1＋13%)] ×13%＝14.95 (万元)

13. 根据增值税法律制度的规定，下列关于增值税纳税义务发生时间的表述中，不正确的是(　　)。

A. 纳税人提供应税劳务，为提供劳务同时收讫销售款或者取得索取销售款凭据的当天

B. 纳税人采取直接收款方式销售货物，为货物发出的当天

C. 纳税人采取托收承付和委托银行收款方式销售货物，为发出货物并办妥托收手续的当天

D. 纳税人进口货物，为货物报关进口的当天

14. 根据增值税法律制度的规定，一般纳税人零售的下列货物中，可以开具增值税专用发票的是(　　)。

A. 白酒　　B. 卷烟　　C. 劳保鞋帽　　D. 食品

15. 根据消费税暂行条例的规定，下列各项中，不属于消费税纳税人的是(　　)。

A. 金银首饰零售商　　B. 高档化妆品进口商

C. 涂料生产商　　D. 鞭炮批发商

16. 甲制筷厂为增值税一般纳税人，2019 年 11 月销售自产木制一次性筷子取得含增值税销售额 113 万元。已知木制一次性筷子增值税税率为 13%，消费税税率为 5%，甲制筷厂当月该业务应缴纳消费税税额的下列计算列式中，正确的是(　　)。

A. 113÷ (1＋13%) ×5%＝5 (万元)

B. 113÷ (1－5%) ×5%＝5.9474 (万元)

C. 113×5%=5.65（万元）

D. 113÷（1+13%）÷（1−5%）×5%=5.2632（万元）

17. 根据企业所得税法律制度的规定，企业取得的下列各项收入中，属于免税收入的是（　　）。

A. 财政拨款收入

B. 转让企业债券取得的收入

C. 企业购买国债取得的利息收入

D. 县级以上人民政府将国有资产无偿划入企业，指定专门用途并按规定进行管理的

18. 2019 年度，甲企业实现销售收入 3 000 万元，当年发生广告费 400 万元，结转上年度未扣除广告费 60 万元。已知企业发生的符合条件的广告费不超过当年销售收入 15%的部分，准予扣除，超过部分，准予在以后纳税年度结转扣除。甲企业在计算 2019 年度企业所得税应纳税所得额时，准予扣除广告费的下列计算列式中，正确的是（　　）。

A. 400−60=340（万元）

B. 3 000×15%+60=510（万元）

C. 3 000×15%=450（万元）

D. 400+60=460（万元）

19. 甲企业 2019 年 10 月经批准新占用一块耕地建造办公楼，另占用一块非耕地建造企业仓库。下列关于甲企业城镇土地使用税和耕地占用税的有关处理，正确的是（　　）。

A. 甲企业建造办公楼占地，应征收耕地占用税，并自批准征用之次月起征收城镇土地使用税

B. 甲企业建造办公楼占地，应征收耕地占用税，并自批准征用之日起满 1 年时征收城镇土地使用税

C. 甲企业建造仓库用地，不征收耕地占用税，应自批准征用之月起征收城镇土地使用税

D. 甲企业建造仓库用地，不征收耕地占用税，应自批准征用之日起满 1 年时征收城镇土地使用税

20. 根据车船税法律制度的规定，下列各项中，以“辆数”作为计税依据的是（　　）。

A. 货车

B. 轮式专用机械车

C. 乘用车

D. 专用作业车

21. 根据税收征收管理法律制度的规定，开具发票的单位和个人应当依照税务机关的规定存放和保管发票，已经开具的发票存根联和发票登记簿最低保管期限是(　　)年。

A. 20　　B. 15

C. 10　　D. 5

22. 某公司增值税以 1 个月为纳税期，该公司 2019 年 5 月份应交增值税 200 万元，6 月 25 日才实际解缴税款。根据税收征收管理法律制度的规定，在计算税收滞纳金时，滞纳天数是(　　)天。

A. 10　　B. 25

C. 15　　D. 35

23. 李某自 2000 年 1 月 1 日以来一直在甲公司工作。根据劳动合同法律制度的规定，2019 年李某与甲公司在续订劳动合同时，李某(　　)。

A. 有权要求订立无固定期限的劳动合同

B. 只能要求订立无固定期限的劳动合同

C. 无权要求订立无固定期限的劳动合同

D. 与甲公司协商一致可订立无固定期限劳动合同

24. 工人李某在加工一批零件时因疏忽致使所加工产品全部报废，给企业造成经济损失 6 000 元。企业要求李某赔偿经济损失，并从其每月工资中扣除，已知李某每月工资收入 1 900 元，当地月最低工资标准 1 700 元。该企业可从李某每月工资中扣除的最高限额为（　　）元。

A. 380　　B. 340

C. 200　　D. 110

二、多项选择题（本类题共 15 小题，每小题 2 分，共 30 分。每小题备选答案中，有两个或两个以上符合题意的正确答案，多选、少选、错选、不选均不得分）

1. 甲与乙签订买卖苹果的合同，后乙与丙又签订运输苹果的合同。则下列关于法律关系的客体的说法中，正确的有(　　)。

A. 甲与乙买卖苹果合同的法律关系的客体是苹果

B. 甲与乙买卖苹果合同的法律关系的客体是甲与乙

C. 乙与丙运输苹果合同的法律关系的客体是苹果

D. 乙与丙运输苹果合同的法律关系的客体是运输行为

2. 甲企业得知竞争对手乙企业在M地的营销策略将会进行重大调整，于是到乙企业设在N地的分部窃取乙企业内部机密文件，随之采取相应对策，该行为给乙企业在M地的营销造成重大损失，乙企业经过调查掌握了甲企业的侵权证据，拟向法院提起诉讼，其可以选择提起诉讼的法院有(　　)。

A. 甲住所地法院　　B. 乙住所地法院

C. M地法院　　D. N地法院

3. 根据行政诉讼法律制度的规定，公民、法人或者其他组织对下列事项提起的诉讼中，属于人民法院行政诉讼受理范围的有(　　)。

A. 认为国务院部门制定的规章不合法

B. 对没收违法所得的行政处罚决定不服

C. 申请行政许可，遭到行政机关的拒绝

D. 认为行政机关滥用行政权力限制竞争的

4. 根据内部控制制度的规定，下列各项中，属于企业内部控制措施的有(　　)。

A. 不相容职务分离控制　　B. 绩效考评控制

C. 财产保护控制　　D. 运营分析控制

5. 根据支付结算法律制度的规定，存款人应向开户银行提出撤销银行结算账户的申请的情形有(　　)。

A. 被撤并、解散、宣告破产或关闭的

B. 注销、被吊销营业执照的

C. 单位法定代表人被撤换

D. 因迁址需要变更开户银行的

6. 根据支付结算法律制度的规定，下列各背书情形中，属于无效背书的有(　　)。

A. 将汇票金额全部转让给甲

B. 将汇票金额的一半转让给甲

C. 将汇票金额分别转让给甲和乙

D. 将汇票金额转让给甲但要求甲不得对背书人行使追索权

7. 根据支付结算法律制度的规定，下列资金中，可以转入个人人民币卡账户的有(　　)。

A. 个人合法的劳务报酬　　B. 个人合法的投资回报

C. 工资性款项　　D. 单位的款项

8. 根据消费税暂行条例的规定，下列各项中，采取从价计征消费税的有(　　)。

A. 高档手表　　B. 高尔夫球

C. 烟丝　　D. 黄酒

9. 根据消费税暂行条例的规定，下列情形中，应当以纳税人同类应税消费品的最高销售价格作为计税依据计算消费税的有(　　)。

A. 将自产小汽车用于投资入股

B. 将自产汽车轮胎用于换取生产资料

C. 将自产白酒用于抵偿债务

D. 将自产实木地板用于换取生产资料

10. 根据企业所得税法律制度的规定，下列支出中，可以在计算企业所得税应纳税所得额时加计扣除的有(　　)。

A. 安置残疾人员所支付的工资

B. 广告费和业务宣传费

C. 研究开发费用

D. 购置环保用设备所支付的价款

11. 根据企业所得税法的规定，下列关于在中国境内未设立机构、场所的非居民企业的应纳税所得额确定的说法中，正确的有(　　)。

A. 偶然所得，以收入全额为应纳税所得额

B. 转让财产所得，以收入全额减除财产净值后的余额为应纳税所得额

C. 利息所得，以收入全额为应纳税所得额

D. 特许权使用费所得，以收入减去转让过程发生的合理费用后的余额为应纳税所得额

12. 根据关税法律制度的规定，下列进口货物中，实行从价加从量复合计征进口关税的有(　　)。

A. 白酒　　B. 放像机

C. 电视机　　D. 摄影机

13. 根据印花税法律制度的规定，下列合同和凭证中，免征印花税的有(　　)。

A. 农林作物保险合同　　B. 高校学生公寓租赁合同

C. 军事物资运输结算凭证　　D. 财产租赁合同

14. 税务机关作出的下列具体行政行为中，申请人不服，应当先向复议机关申请行政复议，对行政复议决定不服的，可以再向人民法院提起行政诉讼的有(　　)。

A. 加收滞纳金　　B. 税收保全行为

C. 税款征收方式　　D. 纳税信用等级评定

15. 根据社会保险法律制度的规定，下列关于失业保险待遇的表述中，正确的有(　　)。

A. 参加职工基本医疗保险的失业人员在领取失业保险金期间，享受基本医疗保险待遇

B. 失业保险金的领取期限自办理失业登记之日起计算

C. 失业保险金的领取期限最长为36个月

D. 失业人员在领取失业保险金期间死亡的，其遗属可以领取一次性丧葬补助金和抚恤金

三、判断题（本类题共10小题，每小题1分，共10分。请判断每小题的表述是否正确，每小题答题正确的得1分，答题错误的扣0.5分，不答题的不得分也不扣分，本类题最低得分为零分）

1. 当事人申请仲裁、行政复议和行政诉讼，可以采用书面形式，也可以采用口头形式。(　　)

2. 违反会计法律制度一定违反会计职业道德，违反会计职业道德不一定违反会计法律制度。(　　)

3. 甲公司收到乙公司签发的一张汇票，乙公司在汇票上记载了“不得转让”字样，但不影响甲公司将该支票背书转让。(　　)

4. 为了维护国家金融安全，进入银行卡清算市场的主体，只能是我国本土的第三方支付机构。(　　)

5. 信用证明示可议付，如开证行仅指定一家议付行，被指定的议付行必须办理议付。(　　)

6. 进口原产于中国的货物，也应当征收进口环节增值税。(　　)

7. 企业在一个纳税年度中间开业，或者终止经营活动，使该纳税年度的实际经营期不足12个月的，应当以实际经营期为1个纳税年度。(　　)

8. 非居民企业取得的来源于中国境外但与其在中国境内设立的机构、场所有实际联系的所得，应缴纳企业所得税。(　　)

9. 用人单位自用工之日起满一年不与劳动者订立书面劳动合同的，视为用人单位自用

工之日起满一年的当日已经与劳动者订立无固定期限劳动合同。（　）

10. 同一用人单位与同一劳动者只能约定一次试用期。（　）

四、不定项选择题（本类题共 12 小题，每小题 2 分，共 24 分。每小题备选答案中，有一个或一个以上符合题意的正确答案。每小题全部选对得满分，少选得相应分值，多选、错选、不选均不得分）

【资料 1】

中国公民王某现任职于境内甲公司，王某 2019 年有关收支情况如下：

（1）取得工资 80 000 元，各季度奖金共 9 000 元，误餐补助 2 000 元，加班费 5 000 元。

（2）为乙公司调试设备，取得劳务报酬 15 000 元，同时花费交通费 200 元。

（3）出版一部专著，取得稿酬 50 000 元，将其中 30 000 元直接捐赠给灾区某学校。

（4）缴纳社会保险费合计 7 000 元，支付儿子教育费 12 000 元，支付父母赡养费24 000 元。

已知：王某共兄弟两人，其弟已参加工作，王某有一个儿子，正在读大学；王某与其妻约定，子女教育支出由夫妻各扣除 50%。王某的父母都年满 60 周岁，王某与其弟约定，父母赡养费全部由王某负担。综合所得税率表如下（部分）所示：

级数	全年应纳税所得额	税率（%）	速算扣除数
1	不超过 3.6 万元的	3	0
2	超过 3.6 万元至 14.4 万元	10	2 520
3	超过 14.4 万元至 30 万元	20	16 920

根据上述资料，不考虑其他因素，分析回答下列问题。

1. 根据事项（1），王某取得的下列所得中，属于“工资、薪金所得”税目的是（　）。

A. 工资 80 000 元　　B. 季度奖 9 000 元

C. 误餐补助 2 000 元　　D. 加班费 5 000 元

2. 根据事项（2）（3），王某提供维修服务取得的劳务报酬和稿酬所得，应计入 2019 年度收入总额的表述正确的是（　）。

A. 应计入收入总额的劳务报酬＝15 000－200＝14 800（元）

B. 应计入收入总额的劳务报酬＝15 000×（1－20%）＝12 000（元）

C. 应计入收入总额的稿酬所得＝50 000－30 000＝20 000（元）

D. 应计入收入总额的稿酬所得＝50 000×（1－20%）×70%＝28 000（元）

3. 根据事项（4），在计算王某2019年应纳个人所得税时，关于专项扣除和专项附加扣除的下列表述，正确的是（　　）。

A. 缴纳的社会保险费7 000元可以扣除

B. 子女教育费可以扣除12 000元

C. 赡养老人支出可以扣除24 000元

D. 赡养老人支出可以扣除12 000元

4. 根据事项（1）（2）（3）（4），王某2019年应缴纳的个人所得税税额是（　　）。

A. [（80 000＋9 000＋5 000）＋15 000＋50 000－60 000－7 000－12 000÷2－24 000]×10%－2 520＝3 680（元）

B. [（80 000＋9 000＋5 000）＋15 000＋（50 000－30 000）－60 000－7 000－12 000÷2－24 000]×3%＝960（元）

C. [（80 000＋9 000＋5 000）＋15 000×（1－20%）＋50 000×（1－20%）×70%－60 000－7 000－12 000÷2－12 000]×10%－2 520＝2 380（元）

D. [（80 000＋9 000＋5 000）＋15 000×（1－20%）＋50 000－60 000－7 000－12 000÷2－24 000]×10%－2520＝3 380（元）

【资料2】

甲建筑公司2019年1月成立，当年发生下列事项：

（1）取得工商营业执照、税务登记证、房屋产权证、土地使用证。

（2）与乙公司订立加工合同一份，列明加工费10万元，受托方提供原材料金额8万元（加工费和原材料费分别列明）。

（3）与丁建筑公司签订建筑安装工程总承包合同一份，承包金额600万元，其中100万元分包给戊建筑公司，已签订分包合同。

（4）与丙保险公司订立财产保险合同一份，投保金额80万元，保险费1万元。

已知印花税税率如下：加工承揽合同税率0.3‰；购销合同税率0.3‰；财产保险合同税率1‰；建筑安装工程承包合同税率0.3‰。

要求：根据上述资料，回答下列问题。

1. 根据事项（1），甲公司取得的下列证件中，按每件5元贴花的是（　　）。

A. 房屋产权证　　　B. 工商营业执照

C. 税务登记证　　　D. 土地使用证

2. 根据事项（2），甲公司签订的加工合同应缴纳的印花税是（　　）元。

A. 3　　B. 54

C. 24　　D. 90

3. 根据事项（3），甲公司工程承包合同应缴纳的印花税是（　　）元。

A. 1 500　　B. 1 800

C. 300　　D. 2 100

4. 根据事项（4），甲公司签订保险合同应缴纳的印花税是（　　）元。

A. 10　　B. 81

C. 80　　D. 90

【资料 3】

胡某与甲公司发生下列事项：

（1）2012 年 1 月，胡某应聘到甲公司工作，试用期满后从事技术工作。2014 年 2 月，胡某辞去甲公司的工作，又应聘至乙企业，成为乙企业的业务骨干。

（2）2017 年 3 月，甲公司为实施新的发展战略，拟聘请胡某担任公司业务部经理。双方签订的劳动合同约定，合同期限 2 年，试用期 3 个月；合同期满或因其他原因离职后，胡某在 3 年内不得从事与甲公司同类的业务工作，公司在胡某离职时一次性支付补偿金 10 万元。

（3）2019 年 2 月，距劳动合同期满还有 1 个月时，胡某因病住院 3 个月。2019 年 5 月，胡某病愈出院到公司上班时，甲公司通知胡某劳动合同已按约定期限终止，病休期间不支付工资，也不支付 10 万元补偿金。胡某要求甲公司延续劳动合同期至其病愈，并支付病休期间的工资和离职的经济补偿。甲公司拒绝胡某的要求，胡某随即进入同一行业的丙公司从事与甲公司业务相竞争的工作。甲公司认为胡某违反了双方在劳动合同中的竞业限制约定，应承担违约责任。

已知：胡某实际工作年限 12 年。

要求：根据上述资料，分析回答下列问题。

1. 根据事项（1）（2），甲公司与胡某约定的劳动合同条款的下列表述中，正确的是（　　）。

A. 2017 年 3 月，甲公司与胡某不应约定试用期

B. 2017 年 3 月，甲公司与胡某可以约定试用期，但是甲公司与胡某约定的试用期超过了法定最长期限

C. 甲公司与胡某可以约定离职后不得从事同类业务

D. 甲公司与胡某约定离职后不得从事同类业务的时间超过法定最长期限

2. 胡某可以享受的法定医疗期是(　　)个月。

A. 1　　B. 3

C. 6　　D. 12

3. 关于劳动合同终止及胡某病休期间工资待遇的下列表述中，正确的是(　　)。

A. 胡某与甲公司约定的劳动合同期满时，劳动合同自然终止

B. 胡某与甲公司的劳动合同期限应延续至胡某医疗期满

C. 甲公司只需支付胡某劳动合同期满前1个月的病假工资

D. 甲公司应支付胡某3个月病休期间的病假工资

4. 关于甲公司与胡某各自责任的下列表述中，符合法律规定的是(　　)。

A. 胡某应遵守竞业限制约定，承担违约责任

B. 竞业限制约定已失效，胡某不需承担违约责任

C. 甲公司应支付胡某离职的经济补偿

D. 甲公司不需支付胡某离职的经济补偿

参考答案及解析（五）

一、单项选择题

1.【答案】 C

【解析】 8 周岁以上（≥8 周岁）的未成年人属于限制民事行为能力人；16 周岁以上（≥16 周岁）的未成年人（＜18 周岁），但以自己的劳动收入为主要生活来源的，视为完全民事行为能力人。本题中，刘某只有 15 周岁，即使他的收入完全能够满足自己生活所需，但未达到 16 周岁，仍然属于限制民事行为能力人。

【知识点】 民事行为能力分类。

2.【答案】 D

【解析】 财务会计报告由会计报表、会计报表附注和财务情况说明书组成。年度财务计划不属于财务会计报告的构成内容。

【知识点】 财务会计报告组成。

3.【答案】 B

【解析】 单位负责人的直系亲属不得担任本单位的会计机构负责人、会计主管人员；会计机构负责人、会计主管人员的直系亲属不得在本单位会计机构中担任出纳工作。（1）选项 A，存在夫妻关系，担任本单位财务部门经理，违背了回避制度；（2）选项 B，单位负责人与出纳之间不需要回避，未违背回避制度；（3）选项 C，收养关系视同血亲关系，故养子担任财务总监，违背了回避制度；（4）选项 D，继子属于配偶亲关系，担任财务处出纳，违背了回避制度。

【知识点】 会计人员回避制度。

4.【答案】 B

【解析】 会计人员不得挪用单位款项，这是会计人员廉洁自律的基本要求。

【知识点】 会计职业道德规范的内容。

5.【答案】 D

【解析】 （1）选项 A，一般存款账户和基本存款账户不能在同一个银行营业机构开立，故选项 A 的说法正确；（2）选项 B，只要有结算需要，一般存款账户可以在异地开立，故选项 B 的说法正确；（3）选项 C，一般存款账户可以存现金不能取现金，故选项 C 的说法正确；（4）选项 D，基本存款账户是存款人的主要存款账户，故选项 D 的说法错误。

【知识点】 一般存款账户。

6.【答案】 D

【解析】 选项D，我国票据法规定的票据包括：汇票、银行本票和支票，发票不属于票据法的适用范围。

【知识点】 票据的种类。

7.【答案】 D

【解析】 (1) 选项AD，某张支票是否为空头支票，是以付款时而不是签发时的账户余额为标准的。如果签发时账户余额不足支付，但付款时账户余额充足，足以支付，则不是空头支票，选项A错误，选项D正确。(2) 选项B，对签发空头支票的出票人的罚款额是出票金额的5%，但不得低于1 000元，1万元的5%是500元，故应罚款1 000元，选项B错误。(3) 选项C，付款时，账户余额不足支付的是空头支票，付款银行不予受理，选项C错误。

【知识点】 支票的出票。

8.【答案】 D

【解析】 银行本票见票即付，提示付款期限自出票日起最长不得超过2个月。

【知识点】 提示付款期限。

9.【答案】 B

【解析】 (1) 选项A，应为无条件支付的委托；(2) 选项C，付款地属于相对记载事项；(3) 选项D，支票的必须记载事项有6项，无“收款人名称”。

【知识点】 支票的绝对记载事项。

10.【答案】 A

【解析】 (1) 选项BCD，税收法律关系主体包括征税主体（各级税务机关和海关）和纳税主体；(2) 选项A，属于税收法律关系的客体。

【知识点】 税收法律关系主体。

11.【答案】 C

【解析】 一般纳税人选择简易办法计算缴纳增值税后36个月内不得变更。

【知识点】 增值税征收管理。

12.【答案】 C

【解析】 (1) 113万元为不含增值税价款，不须价税分离，故选项AB错误，排除；(2) 本题销售的是食品，而不是啤酒、黄酒以外的其他酒类产品，所以收取的包装物押金在收取时，不必并入销售额中征税，选项D错误，排除。故正确答案是选项C。

【知识点】 增值税的计算。

13.【答案】 B

【解析】 选项B，采取直接收款方式销售货物的，不论货物是否发出，均为收到销售款或取得销售款凭据的当天。

【知识点】 增值税纳税义务发生时间。

14.【答案】 C

【解析】 选项C，商业企业一般纳税人零售的烟、酒、食品、服装、鞋帽（不含劳保用品）、化妆品等消费品不得开具增值税专用发票，但是劳保鞋帽可以开具增值税专用发票。

【知识点】 增值税专用发票的开具。

15.【答案】 D

【解析】 ABCD所述消费品均属于应税消费品。（1）选项A，金银首饰在零售环节征收消费税，选项A属于消费税纳税人；（2）选项BC，生产销售环节、进口环节均属于消费税纳税环节，故选项BC都属于消费税纳税人；（3）选项D，在批发环节征收消费税的只有卷烟，鞭炮在生产环节缴纳消费税，批发鞭炮不缴纳消费税，选项D不属于消费税纳税人。

【知识点】 消费税征税范围。

16.【答案】 A

【解析】 实行从价定率征收的应税消费品，其计税依据为含消费税但不含增值税的销售额。113万元为含增值税的销售额，应当换算成不含增值税的销售额，113÷（1＋13％）为不含增值税销售额，乘以消费税税率5％即得消费税税额。故正确答案是选项A。

【知识点】 消费税的计算。

17.【答案】 C

【解析】 （1）选项AD，属于不征税收入；（2）选项B，属于应税收入，应缴纳企业所得税；（3）选项C，属于免税收入。

【知识点】 企业所得税税收优惠——免税收入。

18.【答案】 C

【解析】 3 000×15％＝450（万元），400＋60＝460（万元），460＞450，故2018年准予扣除的广告费是450万元，余下的10万元结转下一年扣除。

【知识点】 企业所得税扣除项目——广告费的扣除限额。

19.【答案】 B

【解析】（1）选项AB，纳税人新征用的耕地（应征收耕地占用税），自批准征用之日起“满1年”时开始缴纳城镇土地使用税，故选项A不正确，选项B正确；（2）选项CD，纳税人新征用的非耕地（不征收耕地占用税），自批准征用“次月”起缴纳城镇土地使用税，故选项CD都不正确。

【知识点】城镇土地使用税和耕地占用税纳税义务的发生时间。

20.【答案】C

【解析】专用作业车、货车和轮式专用机械车均以整备质量吨位数为计税依据；乘用车以辆数为计税依据。

【知识点】车船税的计税依据。

21.【答案】D

【解析】已开具的发票存根联和发票登记簿，应当至少保存5年。

【知识点】税收征收管理——发票存根联和发票登记簿的保管期限。

22.【答案】A

【解析】（1）增值税的纳税人以1个月为1个纳税期的，自期满之日起15日内申报纳税；（2）5月份的税款应在6月15日之前缴纳，从6月16日开始计算滞纳天数，至6月25日，共计10天。

【知识点】税收征收管理——滞纳金的计算。

23.【答案】A

【解析】连续工作满10年，劳动者有权提出订立无固定期限劳动合同，这是法定情形，不存在协商的问题，劳动者有选择权。

【知识点】劳动合同的必备条款——应签订无固定期限劳动合同的情形。

24.【答案】C

【解析】因劳动者本人原因给用人单位造成经济损失的，可从劳动者本人的工资中扣除。但每月扣除的部分不得超过劳动者当月工资的20%。若扣除后的剩余工资部分低于当地月最低工资标准，则按最低工资标准支付。1 900元工资如果扣除20%就剩下1 520元，低于当地最低工资（1 700元），故应按最低工资发放，1 900－1 700＝200（元），故每月最高只能扣除200元。

【知识点】劳动合同的必备条款——最低工资制度。

二、多项选择题

1.【答案】AD

【解析】法律关系的客体是指法律关系主体的权利义务所共同指向的对象，主要包括物、人身人格、非物质财富和行为。甲乙签订买卖苹果的合同，在该法律关系中，主体是甲和乙，客体是苹果，内容是甲乙之间的权利和义务；乙与丙签订运输苹果的合同，在该法律关系中，法律关系的主体是乙和丙，法律关系的客体不是苹果，而是运输行为，因为只有完成运输行为，乙丙双方的权利义务才得以消灭，法律关系的内容是乙丙之间的权利和义务。因此，选项 AD 是正确答案。

【知识点】 法律关系。

2.【答案】 ACD

【解析】 因侵权行为提起的诉讼，由侵权行为地（包括侵权行为实施地、侵权结果发生地）或者被告住所地法院管辖。在本题中，乙企业可以选择向甲企业住所地（被告住所地）、M 地（侵权结果发生地）、N 地（侵权行为实施地）人民法院起诉。

【知识点】 民事诉讼管辖。

3.【答案】 BCD

【解析】 (1) 选项 A，行政法规、规章等是具有普遍约束力文件，不能提起行政诉讼，故选项 A 不属于人民法院行政诉讼的受理范围；(2) 选项 BCD，都属于行政诉讼受理范围。

【知识点】 行政诉讼受理范围。

4.【答案】 ABCD

【解析】 企业内部控制措施包括：不相容职务分离控制（A）、授权审批控制、会计系统控制、财产保护控制（C）、预算控制、运营分析控制（D）和绩效考评控制（B）等。

【知识点】 内部控制制度。

5.【答案】 ABD

【解析】 选项 C，需要办理银行结算账户的变更手续。

【知识点】 银行结算账户的撤销。

6.【答案】 BC

【解析】 (1) 选项 A，属于有效背书；(2) 选项 BC，将汇票金额的一部分转让他人或者将汇票金额分别转让给 2 人以上的背书属于部分背书，部分背书属于无效背书；(3) 选项 D，背书时附有条件的，所附条件不具有票据上的效力，但背书本身仍然有效。

【知识点】 票据背书。

7.【答案】 ABC

【解析】 (1) 个人人民币卡账户的资金以其持有的现金存入或以其工资性款项、属于个人的合法的劳务报酬、投资回报等收入转账存入；(2) 选项 D，单位款项不能转入个人卡存储。

【知识点】 银行卡的使用。

8.【答案】 ABC

【解析】 选项D，黄酒从量定额计征消费税。

【知识点】 消费税应纳税额的计算。

9.【答案】 ACD

【解析】 (1) 选项ACD，根据消费税法律制度的规定，纳税人用于换取生产资料和消费资料、投资入股和抵偿债务等方面的应税消费品，应当以纳税人同类应税消费品的最高销售价格作为计税依据计算消费税；(2) 选项B，汽车轮胎不是消费税征税项目，故将自产汽车轮胎用于换取生产资料不征收消费税。

【知识点】 消费税应纳税额的计算——自产自用应税消费品。

10.【答案】 AC

【解析】 (1) 选项AC，可以加计扣除的项目包括研究开发费用 (C) 和安置残疾人员所支付的工资 (A)；(2) 选项B，广告费和业务宣传费不超过当年销售收入15%的部分，准予扣除，超过部分，结转以后年度扣除；(3) 选项D，购置环保用设备所支付的价款可以抵减应纳税额。

【知识点】 企业所得税税收优惠——加计扣除。

11.【答案】 ABC

【解析】 选项D，特许权使用费所得，以收入全额为应纳税所得额。

【知识点】 非居民企业应纳税所得额确定。

12.【答案】 BD

【解析】 复合税适用于进口广播用录像机、放像机 (B)、摄像机 (D) 等。

【知识点】 关税应纳税额的计算。

13.【答案】 ABC

【解析】 选项D，应按“经济合同”税目征收印花税。

【知识点】 印花税征税范围。

14.【答案】 AC

【解析】 (1) 选项AC，属于“征税行为”，必须首先申请行政复议；(2) 选项BD，不属于征税行为，当事人可以申请行政复议，也可以直接向人民法院提起行政诉讼。

【知识点】 税务行政复议的范围——征税行为的范围。

15.【答案】 ABD

【解析】 选项C，失业保险金的领取期限最长为24个月。

【知识点】 失业保险待遇。

三、判断题

1.【答案】 ×

【解析】 申请行政复议，提起行政诉讼，既可以采用书面形式，也可以采用口头形式。申请仲裁必须采用书面形式。

【知识点】 仲裁的申请。

2.【答案】 √

【解析】 会计法律制度是会计职业道德的最低要求，故违反会计法律制度一定违反会计职业道德，而违反会计职业道德不一定违反会计法律制度。

【知识点】 会计法律制度和会计职业道德的关系。

3.【答案】 ×

【解析】 出票人记载“不得转让”的，票据即丧失流通性，不得背书转让。

【知识点】 票据记载事项——任意记载事项。

4.【答案】 ×

【解析】 自 2015 年 6 月 1 日起，我国放开银行卡清算市场，符合条件的内外资企业均可申请在中国境内设立银行卡清算机构。

【知识点】 银行卡清算市场。

5.【答案】 ×

【解析】 被指定的议付行可自行决定是否办理议付。

【知识点】 国内信用证。

6.【答案】 √

【解析】 只要是报关进口的应税货物，均属于增值税征税范围，除享受免税政策外，都应在进口环节缴纳增值税。

【知识点】 增值税征税范围。

7.【答案】 √

【解析】 企业在一个纳税年度中间开业，或者终止经营活动，使该纳税年度的实际经营期不足 12 个月的，应当以实际经营期为 1 个纳税年度。

【知识点】 企业所得税纳税期限。

8.【答案】 √

【解析】 非居民企业取得的来源于中国境外但与其在中国境内设立的机构、场所有实际联系的所得，应缴纳企业所得税。

【知识点】 非居民企业的纳税义务。

9.【答案】 √

【解析】 用人单位自用工之日起满一年不与劳动者订立书面劳动合同的，视为用人单位自用工之日起满一年的当日已经与劳动者订立无固定期限劳动合同。

【知识点】 劳动合同的订立。

10.【答案】 √

【解析】 同一用人单位与同一劳动者只能约定一次试用期。

【知识点】 劳动合同的约定条款——试用期。

四、不定项选择题

【资料1】

1.【答案】 ABD

【解析】 (1) 选项ABD都属于工资薪金所得性质；(2) 选项C，误餐补助不属于工资薪金性质，不缴纳个人所得税。

【知识点】 个人所得税应税项目——“工资、薪金所得”的界定。

2.【答案】 BD

【解析】 (1) 选项AB，劳务报酬所得收入扣除20%后计入收入总额，不得扣除其他费用，故选项A错误，选项B正确；(2) 选项CD，稿酬所得扣除20%后再按70%计入收入总额，直接捐赠不得扣除，故选项C错误，选项D正确。

【知识点】 个人所得税——收入额的确定。

3.【答案】 AD

【解析】 (1) 选项A，缴纳的社会保险费可以全部扣除，故选项A正确；(2) 选项B，子女教育支出每年的扣除定额是12 000元，但因为王某与其妻约定，子女教育支出由夫妻各扣除50%，故虽然实际支付12 000元，也只能扣除6 000元，余下的6 000元不能扣除；(3) 选项CD，关于赡养老人支出，纳税人为独生子女的，按照每年24 000元的标准定额扣除；纳税人为非独生子女的，应当与其兄弟姐妹分摊每年24 000元的扣除额度。每一纳税人分摊的扣除额最高不得超过每年12 000元。纳税人赡养2个及以上老人的，不按老人人数加倍扣除。所以王某虽然与其弟弟约定，父母赡养费全部由王某负担，王某也只能扣除12 000元，故选项C错误，选项D正确。

【知识点】 个人所得税——专项扣除和专项附加扣除的确定。

4.【答案】 C

【解析】 (1) 工资薪金所得额＝80 000＋9 000＋5 000＝94 000（元）

(2) 劳务报酬应计入收入总额＝15 000×（1－20%）＝12 000（元）

(3) 稿酬所得应计入收入总额=50 000×(1-20%)×70%=28 000(元)

(4) 专项扣除(社会保险费)金额=7 000(元)

(5) 子女教育支出扣除金额=12 000÷2=6 000(元)

(6) 赡养老人支出扣除金额=12 000(元)

(7) 应纳税所得额=(80 000+9 000+5 000)+15 000×(1-20%)+50 000×(1-20%)×70%-60 000-7 000-6 000-12 000=49 000(元)

(8) 应纳税额=[(80 000+9 000+5 000)+15 000×(1-20%)+50 000×(1-20%)×70%-60 000-7 000-6 000-12 000]×10%-2 520=2 380(元)

故正确答案是选项C。

【知识点】 个人所得税应纳税额的计算。

【资料2】

1.【答案】 ABD

【解析】(1) 选项ABD,房屋产权证(A)、工商营业执照(B)、商标注册证、专利证、土地使用证(D)均按每件5元贴花;(2) 选项C,税务登记证不属于权利、许可证照,不用贴花。

【知识点】 印花税税率——按件贴花。

2.【答案】 B

【解析】(1) 因为加工合同加工费和原材料费分别列明,且原材料由受托方提供,故加工费按加工承揽合同税目征税,原材料费按购销合同征税;(2) 加工合同应纳印花税=100 000×0.3‰+80 000×0.3‰=54(元)。

【知识点】 印花税的计税依据及其计算。

3.【答案】 D

【解析】 分包合同也要征税,并且不能从主合同金额中扣除分包合同金额。工程承包合同应纳印花税=(6 000 000+1 000 000)×0.3‰=2 100(元)。

【知识点】 印花税的计税依据及其计算。

4.【答案】 A

【解析】 财产保险合同应纳印花税计税依据是保险费,故应纳税额=10 000×1‰=10(元)。

【知识点】 印花税的计税依据及其计算。

【资料3】

1.【答案】 ACD

【解析】(1) 选项AB,同一用人单位与同一劳动者只能约定一次试用期,劳动合同终止后再招用该劳动者的，也不得再约定试用期。2017 年 3 月，甲公司与胡某不应再约定试用期，故选项 A 正确，选项 B 错误。(2) 选项 CD，用人单位与劳动者可以在劳动合同中约定保守用人单位的商业秘密和与知识产权相关的保密事项，但是约定的从事同类业务的竞业限制期限不得超过 2 年，故选项 CD 正确。

【知识点】 劳动合同约定条款——试用期。

2.【答案】 C

【解析】 选项 C，根据规定，实际工作年限 10 年以上、在本单位工作年限 5 年以下的，医疗期为 6 个月。

【知识点】 基本医疗保险费——医疗期。

3.【答案】 BD

【解析】 (1) 选项 AB，医疗期内用人单位不得解除劳动合同，如医疗期内遇合同期满，则合同必须续延至医疗期满，职工在此期间仍享受医疗期待遇，故选项 A 错误，选项 B 正确；(2) 选项 CD，职工在医疗期内，其病假工资、疾病救济费和医疗待遇按照有关规定执行，故选项 C 错误，选项 D 正确。

【知识点】 劳动合同终止、医疗期待遇。

4.【答案】 BC

【解析】 (1) 选项 AB，用人单位如果要求劳动者签订竞业限制条款，就必须给予劳动者相应的经济补偿，否则该条款无效，因为甲公司未给予胡某约定的补偿，该协议无效，故选项 A 错误，选项 B 正确。(2) 选项 CD，用人单位违反规定解除劳动合同，劳动者要求继续履行劳动合同的，用人单位应当继续履行；劳动者不要求继续履行劳动合同或者劳动合同已经不能继续履行的，用人单位应当依照劳动合同法规定的经济补偿标准的 2 倍向劳动者支付赔偿金，支付了赔偿金的，不再支付经济补偿金，故选项 C 正确，选项 D 错误。

【知识点】 劳动合同——竞业限制、违约责任、经济补偿。

考前六套卷（六）

初级会计资格考试

《经济法基础》考前六套卷（六）

一、**单项选择题**（本类题共 24 小题，每小题 1.5 分，共 36 分。每小题备选答案中，只有一个符合题意的正确答案。多选、错选、不选均不得分）

1. 下列法律事实中，属于法律事件的是（　　）。

A. 买卖房屋　　B. 订立遗嘱

C. 台风登陆　　D. 租赁设备

2. 某科技大学少年班学生王某，年满 16 周岁，智商超群。下列关于王某民事行为能力的说法中，正确的是（　　）。

A. 王某是完全民事行为能力人　　B. 王某视为完全民事行为能力人

C. 王某是无民事行为能力人　　D. 王某是限制民事行为能力人

3. 根据会计法律制度的规定，现金日记账的保管时间应达到法定最低保管期限，该期限是（　　）年。

A. 5　　B. 10

C. 20　　D. 30

4. 根据会计法律制度的规定，下列各项中，属于单位内部会计监督对象的是（　　）。

A. 单位负责人　　B. 单位的经济活动

C. 经济活动的具体经办人　　D. 单位的会计机构、会计人员

5. 根据支付结算法律制度的规定，下列各项中，属于单位存款人在开立一般存款账户之前必须开立的账户是（　　）。

A. 基本存款账户　　B. 单位银行卡账户

C. 专用存款账户　　D. 临时存款账户

6. 根据票据法律制度的规定，下列各项关于票据权利丧失补救的表述中，不正确的是(　　)。

A. 可以申请挂失止付的票据包括：已承兑的商业汇票、支票、填明“现金”字样和代理付款人的银行汇票以及填明“现金”字样的银行本票四种

B. 付款人或者代理付款人自收到挂失止付通知之日起 12 日内没有收到人民法院的止付通知书的，自第 13 日起，不再承担止付责任，持票人提示付款即依法向持票人付款

C. 失票人应当在通知挂失止付后的 3 日内依法向票据支付地的人民法院申请公示催告，不能不通知挂失止付而直接申请公示催告

D. 在公示催告期间，转让票据权利的行为无效，以公示催告的票据质押、贴现而接受该票据的持票人主张票据权利的，人民法院不予支持，但公示催告期间届满以后人民法院作出除权判决以前取得该票据的除外

7. 甲公司持有一张 2019 年 4 月 1 日出票、2019 年 5 月 12 日定日付款的商业汇票，则甲公司提示承兑的日期最迟应是(　　)。

A. 2019 年 4 月 1 日

B. 2019 年 5 月 12 日

C. 2019 年 5 月 1 日

D. 2019 年 6 月 12 日

8. 根据支付结算法律制度的规定，下列关于银行汇票使用的表述中，正确的是(　　)。

A. 银行汇票不能用于个人款项结算

B. 银行汇票不能支取现金

C. 银行汇票的提示付款期限为自出票日起 1 个月

D. 银行汇票必须按出票金额付款

9. 根据支付结算法律制度的规定，下列关于第三方支付的表述中，不正确的是(　　)。

A. 线下支付方式是通过非互联网线上的方式对购买商品或服务所产生的费用进行的资金支付行为

B. 第三方支付行业主要有金融型支付企业和互联网支付企业两类

C. 使用第三方支付，支付者必须在第三方支付机构平台上开立支付账户

D. 第三方支付机构属于银行机构

10. 根据国内信用证法律制度的规定，下列关于国内信用证的表述中，正确的是(　　)。

A. 信用证既可以转账，也可以支取现金

B. 单位和个人都可以申请开立信用证

C. 信用证付款期限最长不超过 6 个月

D. 国内信用证为不可撤销、可转让的跟单信用证

11. 甲卷烟厂为增值税一般纳税人，受托加工一批烟丝，委托方提供的烟叶成本 40 000 元，甲卷烟厂收取含增值税加工费 5 000 元。已知增值税税率为 13%，消费税税率为 30%，无同类烟丝销售价格，下列计算甲卷烟厂该笔业务应代收代缴消费税税额的算式中，正确的是(　　)。

A. 40 000÷（1－30%）×30%＝17 142.86（元）

B.（40 000＋5 000）÷（1－30%）×30%＝19 285.71（元）

C. [（40 000＋5 000）÷（1＋13%）] ÷（1－30%）×30%＝17 067.00（元）

D. [40 000＋5 000÷（1＋13%）] ÷（1－30%）×30%＝19 039.19（元）

12. 根据消费税暂行条例的规定，下列关于消费税纳税义务发生时间的表述中，不正确的是(　　)。

A. 纳税人自产自用应税消费品的，为移送使用的当天

B. 纳税人进口应税消费品的，为报关进口的当天

C. 纳税人委托加工应税消费品的，为支付加工费的当天

D. 纳税人采取预收货款结算方式销售应税消费品的，为发出应税消费品的当天

13. 根据个人所得税法律制度的规定，以下各项所得适用超额累进税率的是(　　)。

A. 利息所得　　B. 稿酬所得

C. 财产转让所得　　D. 财产租赁所得

14. 2019 年 12 月，李某花费 500 元购买体育彩票，一次中奖 30 000 元，将其中 1 000 元直接捐赠给甲小学，已知偶然所得个人所得税税率为 20%，李某彩票中奖收入应缴纳个人所得税税额的下列计算中，正确的是(　　)。

A.（30 000－500）×20%＝5 900（元）

B. 30 000×20%＝6 000（元）

C.（30 000－1 000）×20%＝5 800（元）

D.（30 000－1 000－500）×20%＝5 700（元）

15. 某林场面积120万平方米，其中森林公园占地68万平方米，防火设施占地27万平方米，办公用地10万平方米，生活区用地15万平方米，需要缴纳城镇土地使用税的面积是(　　)万平方米。

A. 68　　　　B. 120

C. 52　　　　D. 25

16. 甲房地产公司2019年11月销售自行开发的商业房地产项目，取得不含增值税收入21 000万元，准予从房地产转让收入额减除的扣除项目金额12 500万元。已知增值额与扣除项目金额的比率超过50%至100%的部分时，土地增值税税率为40%，速算扣除系数为5%，甲房地产公司该笔业务应缴纳土地增值税税额的下列计算列式中，正确的是(　　)。

A.（21 000－12 500）×40%－21 000×5%＝2 350（万元）

B.（21 000－12 500）×40%－12 500×5%＝2 775（万元）

C. 21 000×40%－12 500×5%＝7 775（万元）

D. 21 000×40%－（21 000－12 500）×5%＝7 975（万元）

17. 根据车辆购置税法律制度的规定，下列各项中，不属于车辆购置税征税范围的是(　　)。

A. 汽车　　　　B. 电动自行车

C. 汽车挂车　　　　D. 有轨电车

18. 张三拥有一套价值150万元的住房，李四拥有一套价值130万元的住房，双方交换住房，由李四补差价20万元给张三。已知，本题涉及的价值、价格均不含增值税，契税的税率为3%，下列各项中，正确的是(　　)。

A. 张三应缴纳契税 150×3%＝4.5（万元）

B. 李四应缴纳契税 150×3%＝4.5（万元）

C. 张三应缴纳契税 20×3%＝0.6（万元）

D. 李四应缴纳契税 20×3%＝0.6（万元）

19. 根据税收征收管理法律制度的规定，税务机关依法采取强制执行措施时，对个人及其所扶养家属维持生活必需的住房和用品，不在强制执行措施的范围之内，对单价在一定金额以下的其他生活用品，不采取强制执行措施，该金额是(　　)元。

A. 5 000　　　　B. 10 000

C. 15 000　　　　D. 20 000

20. 根据税收征收管理法律制度的规定，纳税人对税务机关的下列行政行为不服时，不能申请行政复议的是(　　)。

A. 停止出口退税权

B. 确认适用税率

C. 加收滞纳金

D. 制定贯彻落实国家税收政策法规的具体规定

21. 张三于2018年5月11日进入甲公司工作，经张三多次要求，公司才于2019年5月11日与其签订劳动合同。已知张三每月工资3 000元，已按时足额领取。甲公司应向张三支付工资补偿的金额是（　　）元。

A. 0　　　　B. 3 000

C. 33 000　　　　D. 36 000

22. 2019年6月甲公司安排职工刘某在日标准工作时间以外延长工作时间累计12小时。已知甲公司实行标准工时制度，刘某日工资为180元。则甲公司应支付刘某6月最低加班工资的下列算式中，正确的是(　　)。

A. 180÷8×12×100％＝270（元）

B. 180÷8×12×150％＝405（元）

C. 180÷8×12×200％＝540（元）

D. 180÷8×12×300％＝810（元）

23. 某公司为员工张某支付培训费100 000元，约定服务期为5年。3年后，张某以劳动合同期满为由，不肯再续签合同。公司可以要求其支付的违约金最高数额为(　　)元。

A. 100 000　　　　B. 60 000

C. 40 000　　　　D. 0

24. 2019年10月19日，甲公司职工王某因病住院治疗。已知王某实际工作年限为11年，其中在甲公司工作年限为4年。根据社会保险法律制度的规定，王某依法可享受的医疗期为(　　) 个月。

A. 12　　　　B. 9

C. 18　　　　D. 6

二、多项选择题（本类题共 15 小题，每小题 2 分，共 30 分。每小题备选答案中，有两个或两个以上符合题意的正确答案，多选、少选、错选、不选均不得分）

1. 根据仲裁法律制度的规定，下列关于仲裁协议效力的表述中，正确的有(　　)。

A. 合同的变更、解除、终止或者无效，不影响仲裁协议的效力

B. 当事人口头达成的仲裁协议有效

C. 仲裁协议对仲裁事项或者仲裁委员会没有约定或者约定不明确，当事人又达不成补充协议的，仲裁协议无效

D. 当事人对仲裁协议的效力有异议的，可以请求人民法院作出裁定

2. 根据民事诉讼法律制度的规定，下列关于公开审判制度的表述中，正确的有(　　)。

A. 涉及商业秘密的民事案件，当事人申请不公开审理的，可以不公开审理

B. 民事案件不论是否公开审理，一律公开宣告判决

C. 涉及国家秘密的民事案件应当不公开审理

D. 涉及个人隐私的民事案件应当不公开审理

3. 根据会计法律制度的规定，下列关于会计核算要求的表述中，不正确的有(　　)。

A. 我国的会计年度为农历的 1 月 1 日至 12 月 31 日

B. 业务收支以人民币以外的货币为主的单位，可以选择其中一种外币作为记账本位币，并以该选定的外币编制财务会计报告

C. 中国境内的外商投资企业，会计记录可以仅使用其本国的文字

D. 使用电子计算机进行会计核算的，其使用的会计核算软件必须符合国家统一的会计制度的规定

4. 根据内部控制制度的规定，下列各项中，属于行政事业单位内部控制方法的有(　　)。

A. 财产保护控制　　　　B. 会计控制

C. 内部授权审批控制　　D. 预算控制

5. 根据支付结算法律制度的规定，下列各项中，属于单位、个人在社会经济活动中使用的人民币非现金支付工具的有(　　)。

A. 股票　　　　B. 支票

C. 汇票　　　　D. 本票

6. 根据支付结算法律制度的规定，下列各项中，属于银行结算账户特点的有（　　）。

A. 办理人民币业务　　B. 办理资金收付结算业务

C. 是活期存款账户　　D. 是定期存款账户

7. 根据消费税法律制度的规定，下列各项中，应征收消费税的有（　　）。

A. 甲电池厂生产销售电池　　B. 丁百货公司零售钻石胸针

C. 丙首饰厂生产销售玉手镯　　D. 乙超市零售啤酒

8. 根据个人所得税法律制度的规定，下列各项中，免征个人所得税的有（　　）。

A. 保险赔款　　B. 国家发行的金融债券利息

C. 退休人员养老金　　D. 劳动分红

9. 根据个人所得税法律制度的规定，个体工商户的下列支出中，在计算个人所得税应纳税所得额时，不得扣除的有（　　）。

A. 业主的工资薪金支出

B. 个人所得税税款

C. 在生产经营活动中因自然灾害等不可抗力造成的损失

D. 税收滞纳金

10. 根据车船税法律制度的规定，下列车船中应当缴纳车船税的有（　　）。

A. 大客车　　B. 货车

C. 摩托车　　D. 游艇

11. 根据耕地占用税法律制度的规定，下列各项中，免征耕地占用税的有（　　）。

A. 工厂生产车间占用的耕地

B. 军用公路专用线占用的耕地

C. 学校教学楼占用的耕地

D. 医院职工住宅楼占用的耕地

12. 根据税收征收管理法律制度的规定，税务机关在实施税务检查时，可以采取的措施有（　　）。

A. 检查纳税人的账簿、凭证、报表等会计资料

B. 检查扣缴义务人与代扣代缴、代收代缴税款有关的经营情况

C. 检查纳税人托运、邮寄应纳税商品的单据、凭证

D. 到车站检查旅客自带物品

13. 根据劳动合同法律制度的规定，下列劳动合同可以约定试用期的有(　　)。

A. 无固定期限的劳动合同

B. 劳动合同期限不满 3 个月的

C. 1 年期的劳动合同

D. 以完成一定工作任务为期限的劳动合同

14. 根据劳动合同法律制度的规定，下列情形中，劳动者不需要事先告知即可解除劳动合同的有(　　)。

A. 用人单位未为劳动者缴纳社会保险费

B. 用人单位未及时足额支付劳动报酬

C. 用人单位以暴力、威胁或者非法限制人身自由的手段强迫劳动者劳动的

D. 用人单位违章指挥、强令冒险作业危及劳动者人身安全的

15. 用人单位和劳动者就有关事项达成调解协议，用人单位在协议约定期限内不履行的，劳动者可以持调解协议书依法向人民法院申请支付令。下列属于可以申请支付令的有关事项有(　　)。

A. 拖欠劳动报酬　　B. 工伤医疗费

C. 经济补偿金　　D. 违约金

三、判断题(本类题共 10 小题，每小题 1 分，共 10 分。请判断每小题的表述是否正确，每小题答题正确的得 1 分，答题错误的扣 0.5 分，不答题的不得分也不扣分，本类题最低得分为零分)

1. 法人的民事权利能力和民事行为能力是一致的，二者同时产生，同时消灭。自然人的民事权利能力和民事行为能力也是一致的。(　　)

2. 中国境内的外商独资企业，其会计记录文字可以仅使用外国文字。(　　)

3. 出纳人员不得兼管稽核、会计档案保管和收入、支出、费用、债权债务账目的登记工作。(　　)

4. 票据和结算凭证的金额以中文大写和阿拉伯数字同时记载，二者必须一致，二者不一致的，以大写金额为准。(　　)

5. 某白酒厂通过自设非独立核算门市部销售自产白酒，应当按照门市部对外销售额或销售数量计算征收消费税。(　　)

6. 小高是老高、老李夫妇的独生子，小高在计算缴纳个人所得税时，可以按赡养 2 个老人按月扣除 4 000 元赡养费。(　　)

7. 张三2019年8月出租自己的一套房产，8月1日、10日、31日分别收到三笔租金，金额分别是2 000元、3 000元、2 400元。不考虑房屋修缮费用及有关税费，则张某2019年8月出租房屋的应纳税所得额＝（2 000－800）＋（3 000－800）＋（2 400－800）＝5 000（元）。 （ ）

8. 税收保全措施是税收强制执行措施的必经前置程序。 （ ）

9. 用人单位自用工之日起即与劳动者建立劳动关系。 （ ）

10. 职工发生工伤事故但所在用人单位未依法缴纳工伤保险费的，不能享受工伤保险待遇。 （ ）

四、不定项选择题（本类题共12小题，每小题2分，共24分。每小题备选答案中，有一个或一个以上符合题意的正确答案。每小题全部选对得满分，少选得相应分值，多选、错选、不选均不得分）

【资料1】

甲酒店为增值税一般纳税人，主要提供餐饮、住宿服务。2019年6月有关经营情况如下：

（1）提供餐饮、住宿服务取得含增值税收入1 272万元，另因旅客物品被盗，赔偿损失1万元。

（2）出租酒店楼顶广告位取得含增值税收入3.3万元，出租房屋取得含增值税收入4.4万元。

（3）提供车辆停放服务取得含增值税收入16.5万元。

（4）员工出差购买飞机票、火车票所含税额0.8万元。

（5）支付技术咨询服务费，取得增值税专用发票注明税额1.4万元。

（6）购进床上用品一批，取得增值税专用发票注明税额1.8万元。

（7）从农业合作社购进蔬菜、水果，取得农产品销售发票注明买价120万元，因保管不善，变质报废30%。

已知：有形动产租赁服务增值税税率为13%；不动产租赁服务增值税税率为9%；生活服务、现代服务（除有形动产租赁服务和不动产租赁服务外）增值税税率为6%；交通运输服务增值税税率为9%；农产品扣除率为9%；取得的扣税凭证均已通过税务机关认证。

要求：根据上述资料，不考虑其他因素，分析回答下列问题。

1. 甲酒店下列经营业务中，应按照“现代服务”计缴增值税的是（　　）。

A. 餐饮服务　　B. 住宿服务

C. 出租酒店楼顶广告位　　D. 出租房屋

2. 计算甲酒店当月增值税销项税额的下列算式中，正确的是（　　）。

A. 餐饮、住宿收入的销项税额＝（1 272－1）÷（1＋6%）×6%＝71.9434（万元）

B. 出租楼顶广告位收入的销项税额＝3.3÷（1＋9%）×9%＝0.2725（万元）

C. 房屋出租收入的销项税额＝4.4÷（1＋9%）×9%＝0.3633（万元）

D. 车辆停放收入的销项税额＝16.5÷（1＋9%）×9%＝1.3624（万元）

3. 下列关于甲酒店增值税进项税额抵扣的表述中，正确的是（　　）。

A. 购进蔬菜、水果的进项税额准予全部抵扣

B. 购进床上用品的进项税额准予抵扣

C. 购买飞机票、火车票的进项税额准予抵扣

D. 支付技术咨询服务费的进项税额准予抵扣

4. 计算甲酒店当月准予抵扣增值税进项税额的下列算式中，正确的是（　　）。

A. 0.8＋1.4＝2.2（万元）

B. 1.4＋1.8＝3.2（万元）

C. 1.4＋1.8＋120×9%＝14.0（万元）

D. 0.8＋1.4＋1.8＋120×9%×（1－30%）＝11.56（万元）

【资料 2】

甲公司为尚未实行分离办社会职能的居民企业，2019 年度发生下列经济业务：

（1）取得产品销售收入 2 000 万元、企业债券利息收入 15 万元、银行存款利息收入 5 万元，收回以前年度已作为坏账处理的资产 0.5 万元。

（2）发生合理的工资薪金支出共计 200 万元。

（3）发生新技术研究开发费用 30 万元，未形成无形资产计入当期损益。

（4）缴纳税收滞纳金 2 万元，直接向灾区捐款 5 万元，赞助某体育赛事 6 万元。

（5）因山洪暴发造成财产损失 12 万元。

（6）支付职工困难补助 3 万元、职工交通补贴 2.5 万元、职工食堂人员工资 15 万元；缴纳职工各种社会保险费合计 60 万元。

要求：根据上述资料，分别回答下列问题。

1. 甲公司下列收入中，在计算2019年度企业所得税应纳税所得额时，应计入收入总额的是(　　)。

A. 产品销售收入2 000万元

B. 企业债券利息收入15万元

C. 银行存款利息收入5万元

D. 重新收回以前年度已作为坏账处理的资产0.5万元

2. 甲公司下列支出中，在计算2019年度企业所得税应纳税所得额时，不准扣除的是(　　)。

A. 赞助某体育赛事6万元

B. 税收滞纳金2万元

C. 向灾区捐款5万元

D. 因山洪暴发造成财产损失12万元

3. 甲公司在计算2019年度企业所得税应纳税所得额时，准予扣除的新技术研究开发费用总额的下列计算中，正确的是(　　)。

A. 30×（1＋50％）＝45（万元）

B. 30×（1＋75％）＝52.5（万元）

C. 30×（1＋100％）＝60（万元）

D. 30×100％＝30（万元）

4. 根据事项（2）（6），下列表述中，正确是(　　)。

A. 职工福利费的扣除限额是200×14％＝28（万元）

B. 职工困难补助3万元、职工交通补贴2.5万元、职工食堂人员工资15万元和社会保险费60万元，合计80.5万元，超过了职工福利费扣除限额，不能全额扣除

C. 职工困难补助3万元、职工交通补贴2.5万元、职工食堂人员工资15万元可以全额扣除

D. 社会保险费60万元可以全额扣除

【资料3】

某市区内房地产开发公司甲公司属于增值税一般纳税人，其2019年6月开发的一个项目的有关经营情况如下：

（1）该项目商品房全部销售，共取得不含税销售额4 780万元，并都已签订了销售合同。

(2) 与乙公司签订土地使用权转让合同，支付与该项目相关的土地使用权价款686万元，相关税费65万元。

(3) 发生土地拆迁补偿费190万元，前期工程费100万元，支付工程价款748万元，基础设施及公共配套设施费150万元，开发间接费用60万元。

(4) 发生销售费用120万元，财务费用69万元。

(5) 该房地产开发公司不能按转让项目计算分摊利息，当地政府规定的开发费用扣除比例为10%。

已知：购销合同的印花税税率为0.3‰；产权转移书据的印花税税率为0.5‰；市区的城市维护建设税税率为7%，教育费附加征收比率为3%。

要求：根据上述资料，分析回答下列问题。

1. 根据事项（1），甲公司2019年应缴纳增值税是(　　)。

A. 4 780×2%=95.6（万元）　　B. 4 780×3%=143.4（万元）

C. 4 780×5%=239（万元）　　D. 4 780×9%=430.2（万元）

2. 根据事项（1）、事项（2），甲公司2019年应缴纳印花税是(　　)。

A.（4 780+686）×0.3‰=1.6398（万元）

B.（4 780+686）×0.5‰=2.733（万元）

C. 4 780×0.3‰+686×0.5‰=1.777（万元）

D. 4 780×0.5‰=2.39（万元）

3. 甲公司2019年应缴纳城建税和教育费附加分别是(　　)。

A. 应纳城市维护建设税=4 780×9%×7%=30.114（万元）

B. 应纳教育费附加=4 780×9%×3%=12.906（万元）

C. 应纳城市维护建设税=4 780×5%×7%=16.73（万元）

D. 应纳教育费附加=4 780×5%×3%=7.17（万元）

4. 下列关于甲公司计算土地增值税时相关扣除项目的表述中，正确的是(　　)。

A. 准予扣除的取得土地使用权所支付的金额=686+65=751（万元）

B. 准予扣除房地产开发成本=190+100+748+150+60=1248（万元）

C. 准予扣除房地产开发费用=（686+65+190+100+748+150+60）×10%=199.9（万元）

D. 准予扣除房地产开发费用=（120+69）×10%=18.9（万元）

参考答案及解析（六）

一、单项选择题

1. 【答案】 C

【解析】（1）选项 ABD，都是人有目的、有意识的活动，属于法律行为；（2）选项 C，是自然现象，不以人的主观意志为转移，属于法律事件。

【知识点】 法律事件。

2. 【答案】 D

【解析】 根据民事法律制度的规定，18 周岁以上的自然人具有完全民事行为能力；16 周岁以上的未成年人，以自己的劳动收入为主要生活来源的，视为完全民事行为能力人。王某虽然已满 16 周岁，智商超群，但并不是以自己的劳动收入为主要生活来源的，因此，王某仍然属于限制民事行为能力人。

【知识点】 民事行为能力分类。

3. 【答案】 D

【解析】 现金日记账的保管期限最低是 30 年。

【知识点】 会计档案保管期限。

4. 【答案】 B

【解析】 单位内部会计监督的对象是单位的经济活动。

【知识点】 单位内部会计监督。

5. 【答案】 A

【解析】 对于单位存款人来说，开立基本存款账户是开立其他存款账户的前提，开立一般存款账户前，必须先开立基本存款账户。

【知识点】 银行结算账户。

6. 【答案】 C

【解析】 挂失止付并不是票据丧失后采取的必经措施，而只是一种暂时的预防措施，最终要通过申请公示催告或提起普通诉讼来补救票据权利。

【知识点】 票据权利丧失补救。

7. 【答案】 B

【解析】 甲公司持有的汇票属于定日付款的商业汇票，持票人应在到期日前（2019 年 5 月 12 日）向付款人提示承兑，故该汇票提示承兑的最后期限是 2019 年 5 月

12日。

【知识点】 商业汇票的提示承兑期限。

8.【答案】 C

【解析】 (1) 选项A，单位和个人各种款项结算，均可使用银行汇票；(2) 选项B，银行汇票可以用于转账，填明“现金”字样的银行汇票也可以用于支取现金；(3) 选项D，银行汇票按不超过出票金额的实际结算金额办理结算。

【知识点】 银行汇票使用。

9.【答案】 D

【解析】 选项D，第三方支付机构属于“非银行支付机构”。

【知识点】 第三方支付。

10.【答案】 D

【解析】 (1) 选项A，信用证只限于转账结算，“不得支取现金”；(2) 选项B，信用证结算适用于银行为国内企事业单位之间货物和服务贸易提供的结算服务，“只能单位使用”；(3) 选项C，信用证付款期限“最长不超过1年”。

【知识点】 国内信用证。

11.【答案】 D

【解析】 (1) 委托加工的应税消费品，按照受托方的同类消费品的销售价格计算纳税，没有同类消费品销售价格的，按照组成计税价格计算纳税，故本题按照组成计税价格计算；(2) 选项A，未考虑加工费金额，说法错误；(3) 选项B，加工费是含税收入，未作价税分离，说法错误；(4) 选项C，烟叶成本40 000元是不含税金额，不需作价税分离，说法错误；(5) 选项D，甲卷烟厂该笔业务应代收代缴消费税＝组成计税价格×消费税税率＝(材料成本＋加工费)÷(1－消费税比例税率)×消费税比例税率＝[40 000＋5 000÷(1＋13%)]÷(1－30%)×30%＝19 039.19(元)。

【知识点】 消费税应纳税额的计算——组成计税价格。

12.【答案】 C

【解析】 纳税人委托加工应税消费品的，消费税纳税义务发生时间为纳税人提货的当天。

【知识点】 消费税纳税义务发生时间。

13.【答案】 B

【解析】 (1) 选项B，稿酬所得属于综合所得，适用超额累进税率；(2) 选项ACD，适用20%的比例税率。

【知识点】 个人所得税税率。

14.【答案】 B

【解析】 根据个人所得税法律制度的规定，对个人购买福利彩票、赈灾彩票、体育彩票，一次中奖收入在1万元以下的（含1万元），暂免征收个人所得税；超过1万元的，全额征收个人所得税。个人直接捐赠支出不允许税前扣除。故李某中奖30 000元，应按偶然所得缴纳个人所得税，并不得扣除购买彩票的支出500元和1 000元直接捐赠款。李某应缴纳个人所得税＝30 000×20％＝6 000（元），故正确答案是选项B。

【知识点】 个人所得税应纳税税额的计算——个人捐赠的税务处理。

15.【答案】 D

【解析】（1）林业系统的森林公园比照公园用地免征城镇土地使用税；（2）林业系统的育林地、运材道、防火道、防火设施用地，免征城镇土地使用税；（3）对林业系统的办公、生活区用地，均应征收城镇土地使用税。故实际应当征收城镇土地使用税的计税面积是10＋15＝25（万平方米）。

【知识点】 城镇土地使用税——计税依据、税收优惠。

16.【答案】 B

【解析】 土地增值税应纳税额＝增值额×适用税率－扣除项目金额×速算扣除系数。

【知识点】 土地增值税的计算。

17.【答案】 B

【解析】 车辆购置税征税范围是“汽车、有轨电车、汽车挂车、排气量超过一百五十毫升的摩托车”，电动自行车不属于车辆购置税征税范围。

【知识点】 车辆购置税征税范围。

18.【答案】 D

【解析】（1）价格不相等的房屋互换，由补差价的一方缴纳契税，应由李四缴纳契税；（2）应以价格差额为计税依据，即李四应缴纳的契税＝20×3％＝0.6（万元）。故正确答案是选项D。

【知识点】 契税的计税依据。

19.【答案】 A

【解析】 根据规定，税务机关对单价5 000元以下的其他生活用品，不采取强制执行措施。

【知识点】 税收强制执行措施。

20.【答案】 D

【解析】（1）选项 ABC，均属于“具体行政行为”，适用行政复议和行政诉讼；（2）选项 D，属于“抽象行政行为”，不适用行政复议和行政诉讼。

【知识点】税务行政复议的范围。

21.【答案】C

【解析】甲公司与张三补订合同时距用工之日起已满 1 年，第一个月拿正常工资，另外的 11 个月拿 2 倍工资。由于张三已经按月足额领取正常工资，因此，甲公司还需要向张三支付 11 个月的工资补偿，即 3 000×11＝33 000（元）。

【知识点】劳动合同的订立。

22.【答案】B

【解析】平时（8 小时以外）加班，按照不低于 150％支付加班工资，每天工作 8 小时，加班 12 小时的加班工资＝180÷8×12×150％＝405（元）。

【知识点】劳动报酬——加班工资。

23.【答案】C

【解析】违约金的数额不得超过用人单位提供的培训费用。用人单位要求劳动者支付的违约金不得超过服务期“尚未履行部分”所应分摊的培训费用。100 000 元培训费，服务期为 5 年，每年分担培训费 20 000 元，还有 2 年未履行，则违约金最多是 2×20 000＝40 000（元）。

【知识点】劳动合同的约定条款——服务期、违约金。

24.【答案】D

【解析】实际工作年限 10 年以上的，在本单位工作年限 5 年以下的为 6 个月。

【知识点】医疗期。

二、多项选择题

1.【答案】ACD

【解析】（1）选项 A，仲裁协议独立存在，合同的变更、解除、终止或者无效不影响仲裁协议的效力。（2）选项 B，仲裁协议应当以书面形式订立，口头达成仲裁的意思表示无效。（3）选项 C，仲裁协议对仲裁事项或者仲裁委员会没有约定或者约定不明确，当事人可以补充协议，达不成补充协议的，仲裁协议无效。（4）选项 D，当事人对仲裁协议的效力有异议的，可以请求仲裁委员会作出决定或者请求人民法院作出裁定；一方请求仲裁委员会作出决定，另一方请求人民法院作出裁定的，由人民法院裁定。故选项 ACD 为正确答案。

【知识点】仲裁协议的效力。

2.【答案】ABCD

【解析】（1）选项 A，离婚案件、涉及商业秘密的案件，当事人申请不公开审理的，可以不公开审理；（2）选项 B，不论民事案件是否公开审理，一律公开宣告判决；（3）选项 CD，法院审理民事或行政案件，除涉及国家秘密、个人隐私或者法律另有规定的以外，应当公开进行。故选项 ABCD 表述正确。

【知识点】民事诉讼的公开审判制度。

3.【答案】ABC

【解析】（1）选项 A，我国的会计年度实行公历年制，会计年度为公历的 1 月 1 日至 12 月 31 日，而不是农历；（2）选项 B，业务收支以人民币以外的货币为主的单位，可以选择其中一种外币作为记账本位币，但是编制财务会计报告时必须折算为人民币；（3）选项 C，中国境内的外商投资企业，其会计记录文字，可以仅使用中文，也可以在使用中文的前提下同时并用其本国文字，而不能仅仅使用其本国文字。故选项 ABC 的说法都不正确。

【知识点】会计核算的基本要求。

4.【答案】ABCD

【解析】行政事业单位内部控制的控制方法一般包括：不相容岗位相互分离、内部授权审批控制（C）、归口管理、预算控制（D）、财产保护控制（A）、会计控制（B）、单据控制、信息内部公开等。

【知识点】内部控制制度。

5.【答案】BCD

【解析】（1）非现金支付工具，主要包括“三票一卡”和结算方式，“三票一卡”是指汇票、银行本票、支票和银行卡，结算方式包括汇兑、托收承付和委托收款；（2）选项 A，股票不属于支付工具。

【知识点】非现金支付工具。

6.【答案】ABC

【解析】银行结算账户是办理资金收付结算业务的人民币活期存款账户。

【知识点】银行结算账户的特点。

7.【答案】ABC

【解析】（1）电池、钻石胸针、玉手镯、啤酒均属于消费税征收项目；（2）选项 AC，除“金银铂钻”外的其他应税消费品，生产销售环节均属于纳税环节，故选项 AC 正确；（3）选项 BD，在零售环节缴纳消费税的只有“金银铂钻”、超豪华小汽车，啤酒在生产环节缴纳消费税，在零售环节不缴纳消费税，故选项 D 错误，选项 B 正确。

【知识点】 消费税的征税范围。

8.【答案】 ABC

【解析】 (1) 选项 ABC，免征个人所得税；(2) 选项 D，按工资、薪金所得计征个人所得税。

【知识点】 个人所得税的税收优惠。

9.【答案】 ABD

【解析】 选项 C，属于可以扣除的项目。

【知识点】 经营所得的扣除项目。

10.【答案】 ABCD

【解析】 车船税的征收范围包括车辆和船舶，车船税中的车辆是指依靠燃油、电力等能源作为动力运行的机动车辆。

【知识点】 车船税的征税范围。

11.【答案】 BC

【解析】 选项 AD，应按照当地适用税率缴纳耕地占用税。

【知识点】 耕地占用税的税收优惠。

12.【答案】 ABC

【解析】 选项 D，税务机关有权到车站、码头、机场、邮政企业及其分支机构检查纳税人托运、邮寄应纳税商品、货物或者其他财产的“有关单据、凭证和有关资料”(不包括自带物品)。

【知识点】 税款征收措施。

13.【答案】 AC

【解析】 劳动合同期限不满 3 个月的及以完成一定工作任务为期限的劳动合同，不得约定试用期。其他情形可以约定试用期，也可以不约定试用期。

【知识点】 劳动合同的约定条款——试用期。

14.【答案】 CD

【解析】 选项 AB，属于劳动者可以“随时通知”解除劳动合同的情形。

【知识点】 劳动合同的解除。

15.【答案】 ABC

【解析】 因支付拖欠劳动报酬 (A)、工伤医疗费 (B)、经济补偿 (C) 或者赔偿金事项达成调解协议，用人单位在协议约定期限内不履行的，劳动者可以持调解协议书依法向人民法院申请支付令。

【知识点】 劳动争议的解除——劳动调解。

三、判断题

1.【答案】 ×

【解析】 法人的民事权利能力和民事行为能力是一致，同时产生，同时消灭。但是，自然人的民事权利能力和民事行为能力不是一致的，有权利能力的，不一定有行为能力。

【知识点】 民事权利能力和民事行为能力。

2.【答案】 ×

【解析】 使用中文是必须的，可以仅使用中文，也可以在使用中文的前提下，并用一种外国文字，但不能仅仅使用外国文字。

【知识点】 会计核算的基本要求——会计记录文字。

3.【答案】 √

【解析】 出纳不得兼任稽核、会计档案保管和收入、支出、费用、债权债务账目的登记工作。

【知识点】 会计工作岗位设置要求。

4.【答案】 ×

【解析】 票据和结算凭证金额以中文大写和阿拉伯数字同时记载，二者必须一致，二者不一致票据无效；二者不一致的结算凭证，银行不予受理。

【知识点】 办理支付结算的基本要求。

5.【答案】 ×

【解析】 纳税人通过自设非独立核算门市部销售自产应税消费品，应当按照门市部对外销售额或销售数量计算征收消费税。白酒属于复合计征，应当按对外销售额和销售数量计算征收消费税。

注意：如果将题干中的“或”字改为“和”也是正确的，而且“和”比“或”更贴切、恰当，因为白酒实行复合计征消费税，其消费税额取决于其销售额“和”销售数量。

【知识点】 消费税销售额的确定。

6.【答案】 ×

【解析】 纳税人为独生子女的，按照每年 24 000 元（每月 2 000 元）的标准定额扣除；纳税人赡养 2 个及以上老人的，不按老人人数加倍扣除。

【知识点】 个人所得税应纳税所得确定——专项附加扣除。

7.【答案】 ×

【解析】 财产租赁所得，每次收入不超过 4 000 元的，减除费用 800 元；4 000 元以上的，减除20%的费用，其余额为应纳税所得额。因为2 000元、3 000元和2 400元，虽然是分3次支付的，但由于都属于8月份的租金，故不能作为3次租金收入分别扣除费用，而应该加起来作为一次租金收入，扣除一次费用。故应纳税所得税额=（2 000+3 000+2 400）×（1-20%）=5 920（元）。

【知识点】 个人所得税应纳税所得的确定——每次收入的确定。

8.【答案】 ×

【解析】 税收保全措施与强制执行措施之间没有必然的因果关系，采取强制执行措施之前不一定先采取税收保全措施，采取税收保全措施后也不一定必须采取强制执行措施。

【知识点】 税款征收措施。

9.【答案】 √

【解析】 劳动关系的建立时间是用工之日起。

【知识点】 劳动关系的建立时间。

10.【答案】 ×

【解析】 职工所在用人单位未依法缴纳工伤保险费，发生工伤事故的，由用人单位支付工伤保险待遇。

【知识点】 工伤保险特别规定。

四、不定项选择题

【资料1】

1.【答案】 CD

【解析】 选项AB，属于“生活服务”。

【知识点】 增值税征税范围——现代服务。

2.【答案】 BCD

【解析】（1）选项A，应直接以取得的收入12万元计算增值税销项税额，不能扣除支出的赔偿费1万元；（2）选项BCD，本题中取得的收入都是含税收入，都应作价税分离，价税分离后乘以相应的增值税税率即得相应的销项税额，故选项BCD都正确。

【知识点】 销项税额的计算。

3.【答案】 BCD

【解析】（1）选项A，购进蔬菜、水果，其因保管不善变质报废的部分所对应的进项税额不能抵扣，即不能全部抵扣，故选项A错误；（2）选项B，购进床上用品取得的是增值税专用发票，可以抵扣，故选项B正确；（3）选项C，根据最新规定，纳税人购进的旅客运输服务准予抵扣进项税额，故选项C正确；（4）选项D，支付技术咨询服务费，取得的是增值税专用发票，可以抵扣进项税额，故选项D正确。

【知识点】 准予抵扣的进项税额。

4.【答案】 D

【解析】（1）纳税人购进的旅客运输服务可以抵扣，故购买飞机票、火车票所含税额0.8万元可以抵扣。（2）支付技术咨询服务费，取得增值税专用发票注明税额1.4万元可以抵扣。（3）购进床上用品取得的增值税专用发票注明税额1.8万元可以抵扣。（4）取得农产品销售发票注明买价120万元，其因保管不善变质报废的30%的部分所对应的增值税不能抵扣，故可以抵扣的进项税额＝0.8＋1.4＋1.8＋120×9%×（1－30%）＝11.56（万元）。

【知识点】 准予抵扣的进项税额的计算。

【资料2】

1.【答案】 ABCD

【解析】 企业以货币形式和非货币形式从各种来源取得的收入，为收入总额。选项ABCD都属于企业的收入总额部分。

【知识点】 企业所得税应纳税所得额——收入总额的确定。

2.【答案】 ABC

【解析】（1）选项A，非广告性质的赞助支出，不得税前扣除；（2）选项B，税收滞纳金不允许在税前扣除；（3）选项C，直接捐赠不得税前扣除；（4）选项D，属于正常损失，可以税前扣除。

【知识点】 企业所得税应纳税所得额——不得扣除的项目。

3.【答案】 B

【解析】 自2018年1月1日至2020年12月31日，研究开发费用未形成无形资产计入当期损益的，在按规定据实扣除的基础上，再按研究开发费用的75%加计扣除，所以准予扣除的新技术研究开发费用总额＝30×（1＋75%）＝52.5（万元）。故选项B正确。

【知识点】 企业所得税应纳税所得额费用扣除——新技术研究开发费用的扣除。

4.【答案】 ACD

【解析】（1）选项A，职工福利费的扣除限额是不超过工资薪金总额的14%，故选项A正确；（2）选项BCD，职工困难补助、职工交通补贴、职工食堂人员工资属于职工福利费，此三项费用合计＝3＋2.5＋15＝20.5（万元），未超过28万元的扣除限额，可以全额扣除；社会保险费不属于职工福利费，可以全额扣除。故选项B错误，选项 CD 正确。

【知识点】 企业所得税应纳税所得额费用扣除——职工福利费。

【资料 3】

1.【答案】 D

【解析】（1）选项 AB，该项目不属于销售旧货或者使用过的物品和其他规定资产，不适用 2%和 3%的征收率，故选项 AB 错误；（2）选项 C，该房地产开发公司属于增值税一般纳税人，其销售的不是老项目，所以不适用 5%的征收率，故选项 C 错误。

【知识点】 销售房地产增值税的计算。

2.【答案】 B

【解析】 商品房销售合同、土地使用权转让合同，适用产权转移书据税目，按所载金额的 0.5‰贴花，应缴纳印花税＝（4 780＋686）×0.5‰＝2.733（万元）。故选项 B 正确。

【知识点】 销售房地产应纳印花税的计算。

3.【答案】 AB

【解析】（1）城市维护建设税和教育费附加的计税依据是纳税人实际缴纳的增值税和消费税，本题中，纳税人缴纳的只有增值税 4 780×9%＝430.2（万元）；（2）城市维护建设税的税率是 7%，教育费附加的税率是 3%，故应纳城市维护建设税＝430.2×7%＝30.114（万元），应纳教育费附加＝430.2×3%＝12.906（万元），正确答案是选项 AB。

【知识点】 城建税和教育费附加的计算。

4.【答案】 ABC

【解析】（1）选项 A，准予扣除的取得土地使用权所支付的金额包括两方面，即纳税人为取得土地使用权所支付的地价款（686 万元）和纳税人在取得土地使用权时按照国家统一规定缴纳的有关费用和税金（65 万元），故准予扣除的取得土地使用权所支付的金额＝686＋65＝751（万元）；

（2）选项 B，房地产开发成本包括：土地征用及拆迁补偿费（190 万元），前期工程费（100 万元），建筑安装工程费（748 万元），基础设施及公共配套设施费（150 万元），开发间接费用（60 万元），故本题中，准予扣除的房地产开发成本＝190＋100＋748＋150＋60＝1 248（万元）；

（3）选项 CD，准予扣除房地产开发费用＝（取得土地使用权所支付的金额＋房地产开发成本）×10%＝（751＋1 248）×10%＝199.9（万元），故选项 C 正确，选项 D 错误。

【知识点】 土地增值税扣除项目。